T0001436

clave

Dale Carnegie nació en 1888 en Missouri. Escribió su famoso libro *Cómo ganar amigos e influir sobre las personas* en 1936, ahora un best seller internacional. En 1950 se creó la Fundación Dale Carnegie Training. Carnegie falleció poco tiempo después, en 1955, dejando un legado de principios esenciales en sus libros. En la actualidad, su fundación cuenta entre sus clientes con cuatrocientas de las empresas más importantes del mundo. Entre sus obras podemos destacar: *Cómo ser un buen líder*, *Acepta el cambio para lograr el éxito*, *Cómo darle un impulso a tu (nueva) carrera* o *Camino fácil y rápido para hablar eficazmente*.

Para más información, puedes visitar su página web: www.dalecarnegie.com

DALE CARNEGIE

El camino fácil y rápido para hablar eficazmente

Descubra las herramientas esenciales
para comunicar sus ideas con dominio,
precisión y seguridad

Edición revisada por
Dorothy Carnegie

Traducción de
Luis Antero Sanz

DEBOLS!LLO

Papel certificado por el Forest Stewardship Council®

Título original: *The Quick and Easy Way to Effective Speaking*
Primera edición: enero de 2024

© 1962, Dale Carnegie
© 1962, Dorothy Carnegie
© 1964, Editorial Sudamericana, S. A.
© 2012, Random House Mondadori, S. A.
© 2016, Penguin Random House Grupo Editorial, S. A.
Humberto I, 555, Buenos Aires
© 2018, Penguin Random House Grupo Editorial, S. A. de C. V.
Blvd. Miguel de Cervantes Saavedra núm. 301, 1er piso,
colonia Granada, delegación Miguel Hidalgo, C. P. 11520,
Ciudad de México
© 2024, Penguin Random House Grupo Editorial, S.A.U.
Travessera de Gràcia, 47-49. 08021 Barcelona
© 2018, Luis Antero Sanz, por la traducción
Diseño de la cubierta: Penguin Random House Grupo Editorial / Sergi Bautista
Imagen de la cubierta: © Shutterstock

Printed in Spain – Impreso en España

ISBN: 978-84-663-7066-0
Depósito legal: B-19.386-2023

Impreso en Novoprint
Sant Andreu de la Barca (Barcelona)

P 3 7 0 6 6 0

Introducción

Dale Carnegie comenzó a enseñar a hablar en público en 1912 para la Asociación Cristiana de Jóvenes, en la calle 125 de la ciudad de Nueva York. En aquellos días hablar en público se consideraba un arte, más que un conocimiento práctico, y los objetivos de la enseñanza estaban dirigidos a obtener oradores y colosos de la tribuna de los elocuentes. La mayoría de los profesionales y hombres de negocios que simplemente querían expresarse con más facilidad y confianza en sí mismos, en su propio medio, no tenían intención de gastar su tiempo o su dinero estudiando los mecanismos del lenguaje, la emisión de la voz, reglas de retórica y ademanes formalizados. Los cursos Dale Carnegie® tuvieron un éxito inmediato, porque ofrecían a esos hombres los resultados que ellos esperaban obtener. Dale Carnegie consideraba que hablar en público no era un arte refinado que requiriese talentos y aptitudes especiales, sino una habilidad que cualquier persona de mediana inteligencia podía adquirir y desarrollar a voluntad.

En la actualidad, los cursos Dale Carnegie® se dictan en toda la extensión de la tierra y la validez de sus conceptos se ve confirmada por miles de sus estudiantes, en todas partes del mundo, hombres y mujeres de todo tipo de vida, que han mejorado exitosamente su capacidad de expresarse en la misma medida que su eficiencia personal.

El texto que Dale Carnegie escribió para sus cursos, Public Speaking and Influencing Men in Business* se reimprimió más de cincuenta veces, fue traducido a once

---

* Su versión castellana, Cómo hablar bien en público e influir en los hombres de negocios, de Editorial Sudamericana, Buenos Aires, también es objeto de continuas ediciones. (N. del T.)

idiomas y revisado por Dale Carnegie varias veces, para mantenerlo a tono con el aumento de sus conocimientos y de su experiencia. Más personas emplean este libro cada año que el conjunto de los matriculados en las universidades más importantes. Esta cuarta revisión del libro ha sido basada sobre las propias notas e ideas de mi esposo. El título es el que él mismo eligió antes que la muerte interrumpiera su obra. He procurado conservar en mi mente su filosofía básica, que hablar en público es algo más que "decir unas cuantas palabras" ante un auditorio: es la expresión reveladora de la personalidad humana.

Toda actividad de nuestras vidas es de alguna manera una comunicación, pero es por medio de la palabra como el hombre se distingue de otras formas de vida. Sólo él, entre todos los animales, posee el don de la comunicación verbal y a través de la calidad de su lenguaje es como expresa mejor su propia individualidad, su propia esencia. Cuando es incapaz de expresar claramente lo que quiere decir, por nerviosidad, timidez o nebulosos procesos mentales, su personalidad queda bloqueada, oscurecida e incomprendida.

La satisfacción personal, comercial o social depende sobremanera de la capacidad que tiene una persona de comunicar claramente a los demás lo que siente, lo que desea y lo que cree. Y ahora, como nunca sucedió antes, en una atmósfera de tensiones, temores e inseguridad universal, necesitamos que permanezcan abiertas las vías de comunicación entre la gente. Espero que este libro sea de utilidad en todos estos sentidos, tanto para aquellos que simplemente desean actuar con mayor facilidad y confianza en sí mismos en sus propósitos prácticos, como para aquellos que desean expresarse de modo más completo como individuos que buscan una realización personal más profunda.

DOROTHY CARNEGIE

Principios básicos para hablar eficazmente

En cada arte existen pocos principios y numerosas técnicas.

En los capítulos que constituyen la primera parte de este libro, exponemos los principios básicos y las actitudes necesarias para dar vida a dichos principios.

Como personas adultas, nos interesa un camino corto y sencillo para hablar con eficiencia. El único modo de que podamos alcanzar resultados rápidamente consiste en tener la actitud correcta para alcanzar nuestro objetivo y una firme base de principios para edificar sobre ellos.

I

LA ADQUISICIÓN DE LOS CONOCIMIENTOS BÁSICOS

Comencé a enseñar a hablar en público en 1912, el mismo año en que el Titanic se hundió en las heladas aguas del Atlántico Norte. Desde entonces se graduaron en estos cursos más de setecientas mil personas.

En la entrevista que precede a la primera clase del Curso Dale Carnegie®, los alumnos tienen oportunidad de explicar por qué intentan matricularse en el curso y qué beneficios esperan obtener. Naturalmente, los términos varían, pero es sorprendente advertir, en la mayoría de los casos, la coincidencia en el deseo fundamental: "Cuando me invitan a hablar ante un grupo de personas, me siento tan cohibido y asustado que no puedo pensar claramente, ni concentrarme, ni recordar lo que pensaba decir. Quiero ganar aplomo y confianza en mí mismo. Quiero lograr que mis pensamientos fluyan en un orden lógico y ser capaz de hablar clara y convincentemente ante un grupo social o comercial".

¿No le resulta esto familiar? ¿No experimentó los mismos sentimientos de inferioridad? ¿No hubiera dado una fortuna por hallarse en condiciones de hablar en público de un modo convincente y persuasivo? Yo estoy seguro de ello. El hecho de que haya comenzado la lectura de este libro demuestra su interés en adquirir la facultad de hablar clara y eficientemente.

Sé lo que usted va a decirme, lo que usted me diría si pudiera conversar conmigo: "Pero señor Carnegie ¿cree usted que yo puedo lograr el valor necesario para enfrentarme a un grupo de personas y hablarles en forma coherente y fluida?"

He dedicado casi toda mi vida a la tarea de ayudar a la gente a librarse de sus temores, a conquistar coraje y aplomo. Podría llenar varios volúmenes con los relatos de los milagros que ocurrieron en mis clases; no se trata, por lo tanto, de un pensamiento mío. Yo sé positivamente que usted puede lograr su objetivo si sigue las normas e indicaciones que encontrará en este libro.

¿Es acaso razonable creer que usted, de pie y ante un auditorio, no puede pensar tan bien como lo hace sentado?

¿Hay alguna razón para que sienta un vacío en el estómago, una sensación de escalofrío, cada vez que debe dirigirse a un grupo de personas? Seguramente usted se da cuenta de que esta situación puede resolverse, de que el adiestramiento y la práctica le harán perder el miedo al auditorio y le darán confianza en sí mismo.

Este libro lo ayudará a lograr su objetivo. No es un libro de texto común. No está lleno de reglas sobre el mecanismo de la oratoria. No versa sobre aspectos fisiológicos de la articulación de las palabras, sino que es el resultado de toda una vida dedicada a capacitar adultos con el objeto de que puedan hablar eficientemente. El método no le exige conocimientos especiales; usted puede iniciarlo inmediatamente y abandonarlo cuando haya logrado sus propósitos. Todo lo que usted debe hacer es cooperar, seguir las indicaciones que se hallan en estas páginas, aplicarlas en cada situación que se presente y perseverar.

Para que usted obtenga el máximo de provecho de este libro y lo asimile con rapidez, le serán de suma utilidad estos cuatro consejos básicos:

PRIMERO: APROVECHE LA EXPERIENCIA AJENA

No hay especie en la tierra menos difundida que la de los oradores natos. Aun más difícil hubiera sido hallarlos en lejanos períodos históricos, cuando la oratoria era un arte refinado que exigía una estricta observancia de las leyes retóricas y las sutilezas del lenguaje. Ahora se considera a la oratoria como una conversación de características más amplias. Se abandonaron para siempre las voces estentóreas y el estilo grandilocuente. Lo que nos gusta oír en nuestros templos y reuniones, por nuestras radios y televisores, es un discurso claro y sin rodeos, con sentido común, concebido de acuerdo con la idea de que preferimos escuchar a un orador que hable con nosotros y no a uno que se dirija a nosotros.

A pesar de lo que pueda inducirnos a creer la lectura de muchos libros de texto, la oratoria no es un arte oscuro y difícil que sólo puede ser dominado a través de muchos años dedicados a perfeccionar la voz y luchar con los misterios de la retórica. He dedicado casi toda mi carrera en la enseñanza a demostrar que es fácil hablar en público, siempre que se sigan unas pocas pero importantes normas. Cuando comencé a enseñar en la YMCA, calle 125 de Nueva York, en el año 1912, no tenía sobre este tema más conocimientos que mis primeros alumnos. En esas primeras clases enseñaba según los métodos aprendidos en mis años de estudio en Warrensburg, Missouri. No obstante, pronto descubrí que seguía un camino equivocado. Pretendía enseñar a adultos que actuaban en el mundo de los negocios como si fueran jóvenes estudiantes. Comprendí la inutilidad de presentar como ejemplos dignos de imitación a Webster, Pitt, Burke y O'Connell. Lo que querían los integrantes de mi curso era lograr el coraje necesario para ponerse de pie y hablar clara y coherentemente en su próxima reunión de negocios. No tardé mucho tiempo, una vez comprendido esto, en arrojar los libros por la ventana y conducir mi clase con ideas claras y sencillas; de esa manera trabajé hasta que aquellos alumnos lograron su propósito. Este método resultó eficaz, pues ellos continuaron asistiendo al curso con gran interés.

Me gustaría que usted pudiera examinar el archivo donde guardo las cartas que sirven de testimonio a mis afirmaciones; se encuentran en mi casa y en las oficinas de mis representantes en casi todo el mundo. Provienen de grandes industriales, cuyos nombres aparecen frecuentemente en la sección económica de *The New York*

Times y en *The Wall Street Journal*, de gobernadores de estados y miembros de parlamentos, de directores de colegios y de celebridades del mundo del espectáculo. También hay miles de cartas de amas de casa, sacerdotes, maestros, jóvenes cuyos nombres no son muy conocidos aún, incluso en sus propias comunidades, cartas de ejecutivos, trabajadores calificados o no calificados, dirigentes gremiales, estudiantes y mujeres de negocios. Todas estas personas sintieron la necesidad de adquirir confianza en sí mismas y habilidad para expresarse en público. Se sintieron tan agradecidas por haber logrado sus propósitos que se tomaron la molestia de enviarme cartas elogiosas.

De entre los miles de personas a quienes enseñé, un caso acude ahora a mi memoria por la impresión que me causó en su tiempo. Hace ya algunos años, poco después de ingresar en mi curso, D. W. Ghent, un exitoso hombre de negocios de Filadelfia, me invitó a almorzar. Una vez sentados a la mesa, se inclinó hacia mí y me dijo: "Señor Carnegie, desde hace mucho tiempo he estado eludiendo cada oportunidad de hablar en reuniones y han sido muchas. Pero ahora soy presidente de un directorio y debo presidir las reuniones. ¿Cree usted posible que yo pueda aprender a hablar a esta altura de mi vida?"

Basándome en mi experiencia con personas cuya situación era similar y que habían asistido a mis clases, le aseguré que no me cabía ninguna duda al respecto.

Alrededor de tres años después nos encontramos nuevamente en el Manufacturers's Club. Almorzamos en el mismo salón y nos sentamos a la misma mesa que habíamos ocupado en nuestro primer encuentro. Recordándole nuestra conversación anterior, le pregunté si mi predicción había sido acertada. El señor Ghent sonrió, sacó una pequeña libreta de tapas rojas de su bolsillo y me enseñó una lista de discursos que debía pronunciar en los meses próximos. "La habilidad para dar estas charlas —confesó—, el placer que experimento cuando las doy y el nuevo servicio que presto con ello a mi comunidad se cuentan entre las cosas que más me agradan en la vida."

Pero esto no era todo. El señor Ghent, con justificado orgullo, me contó lo siguiente: Su congregación religiosa había invitado al primer ministro de Inglaterra para que pronunciara un discurso en Filadelfia y no fue otro que el propio señor Ghent el elegido para presentar al distinguido hombre de Estado en uno de sus raros viajes a los Estados Unidos.

¡Éste era el hombre que hacía menos de tres años antes se había inclinado sobre la misma mesa para preguntarme si alguna vez sería capaz de hablar en público!

He aquí otro ejemplo. David M. Goodrich, presidente del Directorio de B. F. Goodrich Company, vino un día a visitarme. Me habló de este modo: "Nunca, en toda mi vida, he podido hacer uso de la palabra sin helarme de miedo. Como presidente del Directorio, debo presidir nuestras reuniones. Conozco íntimamente a todos los miembros desde hace muchos años, y no tengo dificultad en hablar con ellos mientras estamos sentados alrededor de la mesa. Pero cuando debo ponerme de pie para hablar, me aterrorizo y apenas puedo pronunciar una palabra. Hace años que me ocurre lo mismo. No creo que usted pueda hacer nada por mí. Mi problema es muy serio, y muy viejo".

—Bien, si usted cree que yo no puedo hacer nada por usted, ¿por qué ha venido a verme? —le pregunté.

—Por una sola razón —respondió—. Tengo un contador, un hombre muy tímido, que se ocupa de mis cuentas personales. Para entrar en su oficina debe atravesar mi despacho. Durante años ha pasado furtivamente, mirando al piso, casi sin pronunciar una palabra. Pero en los últimos tiempos se ha transformado. Ahora entra con la cabeza erguida, con un brillo especial en la mirada, y me dice "Buenos días señor Goodrich", con seguridad y energía. Me asombró mucho el cambio; tanto es así que le pregunté: "¿Qué ha comido usted hoy?". Me habló de su curso de capacitación, y por eso lo he venido a ver, por la transformación que observé en ese asustadizo hombrecito.

Le dije al señor Goodrich que si asistiera atentamente a

las clases y siguiese nuestras instrucciones, en el término de pocas semanas se podría lucir hablando en público.

—Si usted puede conseguir eso —me contestó—, seré uno de los hombres más felices del mundo.

El señor Goodrich se incorporó al curso, y sus progresos fueron notables. Tres meses más tarde lo invité a una reunión de tres mil personas que debía realizarse en el salón de baile del hotel Astor, para que hablara sobre los resultados que había obtenido en mi curso. Me pidió que lo excusara, pues debido a un compromiso anterior no podría concurrir. Al día siguiente me llamó por teléfono. "Quiero disculparme —me dijo—; he roto mi compromiso. Me siento obligado a hablar para usted. Le diré a la gente todo lo que el curso hizo por mí con la esperanza de que algunos se libren de los temores que arruinan sus vidas".

Le pedí que hablara tan sólo dos minutos. El señor Goodrich habló ante tres mil personas durante once minutos.

He visto miles de milagros semejantes sucedidos en mis cursos. Hombres y mujeres cuyas vidas se transformaron. Muchos de ellos recibieron ascensos con los que nunca hubieran soñado, otros alcanzaron posiciones de preeminencia en sus negocios, profesión y comunidad. A veces se producía el milagro mediante una simple conversación en el momento oportuno. Contaré lo que sucedió con Mario Lazo.

Años atrás, recibí un telegrama de Cuba que me dejó asombrado. Decía así: "Salvo que me telegrafíe negativamente, parto para Nueva York a aprender a decir un discurso". Firmaba "Mario Lazo". Me preguntaba, intrigado, quién podría ser. Nunca había oído hablar de él hasta entonces.

Cuando el señor Lazo llegó a Nueva York, me dijo: "El Country Club de La Habana va a festejar el cincuentenario del nacimiento de su fundador y me han designado para obsequiarle una copa de plata y pronunciar el discurso principal de la velada. Aunque soy abogado, no he pronunciado nunca un discurso, y, si no me desempeño correctamente, mis relaciones sociales y profesionales y las de mi esposa se verán seriamente perjudicadas. Por eso he venido de Cuba, para que usted me ayude. Solamente dispongo de tres semanas".

En el curso de esas tres semanas hice andar a Mario Lazo de clase en clase para que hablara tres o cuatro veces cada noche. Tres semanas después, habló ante la distinguida concurrencia del Country Club de La Habana. Su discurso fue tan sobresaliente que la revista *Time*, en su sección de noticias extranjeras, describió al señor Lazo como "un orador de lengua de plata".

Parece un milagro, ¿no es cierto? Es un milagro, un milagro del siglo XX: la derrota del temor.

SEGUNDO: TENGA SIEMPRE PRESENTE SU OBJETIVO

Cuando el señor Ghent expresaba el placer que su recién adquirida habilidad de hablar en público le procuraba, se refería a uno de los factores que, según creo, contribuyó a su éxito más que ningún otro. Es cierto que tuvo en cuenta las normas y siguió fielmente las indicaciones, pero estoy seguro de que hizo estas cosas porque realmente quería hacerlas y las quería porque se imaginaba como un exitoso orador. Se proyectaba en el futuro y trabajaba con el propósito de convertir esa proyección en realidad. Esto, exactamente, es lo que usted debe hacer.

Concentre su atención en las ventajas que le reportaría poseer confianza en sí mismo y hablar con mayor eficiencia. Piense en lo que esto significaría para usted en el plano de las relaciones sociales, en los amigos que conquistaría, en su mayor capacidad para servir a su comunidad, a su congregación religiosa, a sus amigos. Piense en la influencia que usted sería capaz de lograr en sus relaciones comerciales. En resumen, ello lo preparará para ser un directivo.

En un artículo titulado "Dirección de Empresas y Oratoria", que apareció en el *Quarterly Journal of Speech*, S. C. Allyn, presidente de The National Cash Register Co. y presidente de la UNESCO, expresó lo siguiente: "En la historia de los negocios, muchos hombres lograron atraer la atención sobre sí mismos haciendo uso de la palabra con acierto. Hace ya varios años, un joven que estaba a cargo de una pequeña sucursal en Kansas, se distinguió al pronunciar un discurso y es hoy vicepresidente de la empresa y encargado de ventas. Por mi parte, he llegado a enterarme de que el entonces vicepresidente es en la actualidad presidente de la compañía".

No hay manera de predecir adónde le llevará la habilidad de hablar frente a un auditorio.

Uno de nuestros graduados, Henry Blackstone, presidente de la Servo Corporation of America, dice lo siguiente: "La facultad de comunicarse con los demás de un modo eficiente y obtener así su cooperación es un capital que poseen los triunfadores".

Piense en la alegría que experimentará cuando se ponga de pie ante un auditorio y, lleno de confianza, le transmita sus sentimientos e ideas. He viajado varias veces por todo el mundo, pero conozco pocas cosas que puedan procurar mayor satisfacción que dominar a un auditorio con la sola fuerza de la palabra. Es algo que otorga sensación de fuerza y un sentimiento de poder. "Durante los dos minutos previos al comienzo —dice uno de mis graduados— preferiría ser flagelado antes que comenzar; pero cuando faltan dos minutos para que termine, preferiría que me balearan antes que detenerme."

Imagínese ahora a usted mismo frente a un público al que debe dirigirse. Véase de pie ante el auditorio, seguro de sí mismo; escuche cómo se acalla el murmullo de la sala cuando usted comienza; sienta cómo absorbe la atención a medida que va agotando el tema; advierta la calidez del aplauso, mientras desciende de la tribuna; escuche las palabras de elogio de las personas que lo saludan cuando termina la reunión. Créame, hay algo mágico en esto y una emoción que difícilmente olvidará.

William James, el distinguidísimo profesor de psicología de la Universidad de Harvard, escribió seis frases que pueden tener un profundo significado en la vida, seis frases que son el "ábrete sésamo" de la cueva que oculta el precioso tesoro del coraje: "En casi todo lo que emprenda, sólo su entusiasmo lo conducirá al éxito. Si usted se preocupa por alcanzar un objetivo, triunfará, sin lugar a dudas. Si quiere ser bueno, será bueno. Si quiere ser rico, será rico. Si quiere aprender, aprenderá. Sólo que usted debe desear realmente estas cosas, y desearlas exclusivamente, sin desear al mismo tiempo otras cien cosas incompatibles".

Aprender a hablar en público reporta otros beneficios que superan la mera habilidad de hacer buenos discursos. En efecto, si usted nunca habló públicamente, los beneficios que obtendrá del curso de capacitación son innumerables, pues esta capacitación es el mejor camino para lograr la confianza en sí mismo. Una vez que se sienta capaz de hablar ante un grupo de personas, es obvio que tendrá mayor aplomo y seguridad en las conversaciones. Muchos hombres y mujeres han concurrido a mis clases, principalmente a causa de sus inhibiciones en la relación con los demás. Una vez que lograron hablar de pie ante sus compañeros de clase, sin sentir que el techo se les caía encima, perdieron todas sus inhibiciones. Su recién adquirido aplomo comenzó a impresionar a los demás, sus familiares, amigos, asociados, clientes, etc. Muchos de nuestros graduados, como en el caso del señor Goodrich, ingresaron al curso por la impresión que les produjo el asombroso cambio de actitud que advirtieron en algún allegado.

Este tipo de capacitación ejerce sobre la personalidad influencias que no se pueden observar inmediatamente. No hace mucho tiempo, le pregunté al doctor David Allman, cirujano de la ciudad de Atlanta y ex presidente de la American Medical Association, cuáles eran, a su entender, los beneficios de la capacitación para hablar en público en lo tocante a la salud mental y física. Sonrió y me dijo que podría contestar mejor a mi pregunta extendiéndome una receta "que ninguna farmacia puede cumplir, pues ella debe ser cumplida por el individuo mismo; si él cree que no puede hacerlo, se equivoca".

Tengo la receta sobre mi escritorio. Cada vez que la leo me produce la misma impresión. Esto es, exactamente, lo que el doctor Allman prescribió:

Haga todo lo posible por transmitir sus ideas y pensamientos a los demás. Aprenda a expresar claramente sus ideas, tanto individualmente como en grupos o en público. A medida que progresa en tal sentido por medio de su esfuerzo, se asombrará de que usted —su verdadero yo— produce en los demás una impresión, un efecto, que nunca había producido antes.

Usted puede obtener un doble beneficio de estas indicaciones. La confianza en sí mismo crece a medida que usted aprende a dirigirse a los demás y su personalidad se hace más interesante.

Eso quiere decir que logrará un mejor estado emocional, y un mejor estado emocional significa un mejor estado físico. En el mundo de nuestros días todos deben saber hablar en público, hombres, mujeres, jóvenes y viejos. Yo no experimenté personalmente las ventajas que reporta esta habilidad en los negocios y la industria, aunque tengo entendido que son muy grandes, pero conozco las ventajas que representa para la salud. Hable, siempre que pueda, a unas pocas o muchas personas; lo hará cada vez mejor, como me ha pasado a mí mismo, y experimentará entonces una alegría espiritual y una integración con la comunidad que nunca sintió antes. Este maravilloso sentimiento es algo que no puede ser otorgado por medicamento alguno.

El segundo consejo básico, entonces, es el siguiente: imagínese a sí mismo llevando a cabo con éxito lo que ahora teme hacer; piense en los beneficios que obtendrá con su capacidad de hablar en público correctamente. Recuerde las palabras de William James: "Si usted se preocupa por alcanzar un objetivo, triunfará sin lugar a dudas".

TERCERO: PREDISPONGA SU MENTE
PARA EL ÉXITO

Cierta vez, en un programa de radio, me pidieron que dijera brevemente cuál era la lección más importante que había aprendido en mi vida. Respondí: "La mayor lección que aprendí en mi vida es la extraordinaria importancia que tienen los pensamientos. Si yo supiera lo que usted piensa, sabría quién es usted, pues las ideas hacen a las personas. Si cambiamos nuestros pensamientos podemos cambiar nuestras vidas."

Usted ha puesto sus miras en la conquista de la confianza en sí mismo y en una más efectiva comunicación. Desde ahora debe pensar positivamente en coronar con éxito su empresa. Debe adquirir un alegre optimismo sobre el resultado de su esfuerzo. Debe poner el sello de su firme determinación en cada acto que ejecute o en cada palabra que pronuncie, mientras dure su capacitación.

La siguiente anécdota constituye una dramática prueba de lo necesaria que es una resuelta determinación para todo aquel que se proponga la empresa de lograr una mayor efectividad en el uso de la palabra. El hombre al que me refiero escaló tan altas posiciones en el campo de los grandes negocios que su historia se convirtió en una leyenda. Sin embargo, cuando por primera vez debió ponerse de pie y hablar en la Universidad, le faltaron las palabras. No pudo pasar de la mitad del discurso de cinco minutos que le había pedido su profesor. Sumamente pálido descendió presuroso de la tribuna, con lágrimas en los ojos.

Este hombre no dejó que esta experiencia frustrara su vida. Resolvió convertirse en un buen orador y no se detuvo hasta que llegó a adquirir fama internacional como consejero económico del gobierno. Su nombre es Clarence B. Randall. En uno de sus enjundiosos libros, Freedom's Faith, escribe: "Casi he perdido la cuenta de mis apariciones ante el público; he hablado en cenas y almuerzos, asociaciones industriales, cámaras de comercio, filiales del Rotary Club, compañías financieras, organizaciones juveniles y muchos otros sitios. También pronuncié un discurso patriótico en Escanaba, Michigan, durante la Primera Guerra Mundial; acompañé a Mickey Rooney en una campaña de caridad y, en otra educativa, al presidente de la Universidad de Harvard, James Bryant Conant, y al canciller de la Universidad de Chicago, Robert M. Hutchins; y hasta pronuncié con ocasión de cierto banquete un discurso en mal francés.

"Creo que sé lo que quiere escuchar un auditorio y cómo quiere que se lo digan. No es nada tan difícil que no pueda aprender, si se lo propone, un hombre capaz de soportar la responsabilidad de importantes negocios".

Estoy de acuerdo con el señor Randall. El firme propósito de alcanzar el éxito constituye un factor fundamental en el proceso de aprender a hablar en público. Si yo pudiera penetrar en su mente y descubrir así el vigor de su deseo y los detalles de su pensamiento podría predecir, casi con certeza, con qué celeridad progresaría usted hacia su meta: una mejor comunicación con los demás.

En una de mis clases, en el Medio Oeste, un alumno se puso de pie cierta vez y dijo, sin ninguna vergüenza, que no se sentiría satisfecho en su profesión de constructor hasta llegar a hablar en nombre de la American Home Builder's Association. No pretendía otra cosa que recorrer el país de un extremo a otro e informar a todo el mundo sobre los problemas y las realizaciones de su industria; y Joe Haverstick quería lograr su propósito. Pertenecía a esa clase de alumnos que encanta a los instructores: era sumamente serio. No sólo pretendía capacitarse para hablar en su comunidad, sino también en un plano nacional, y no escatimaba esfuerzos en ese sentido. Preparaba sus charlas íntegramente, las practicaba con esmero, y nunca faltaba a una sola clase a pesar de que aquélla era la época del año en que más ocupados estaban los hombres de negocios. Sucedió lo que generalmente sucede con los alumnos como él: su progreso fue tan notable que lo dejó sorprendido. En dos meses, llegó a ser uno de los miembros más destacados de la clase, a tal extremo que fue elegido para presidirla.

El profesor que estaba a cargo de aquella clase, y que un año más tarde se encontraba en Norfolk, Virginia, escribió lo siguiente: "Ya había olvidado el caso de Joe Haverstick, cuando una mañana, mientras tomaba el desayuno, comencé a leer el Virginia Pilot. Había allí una foto de Joe y una nota sobre él. Según decía, Joe había pronunciado un discurso la noche anterior, ante una gran reunión de arquitectos, y como pude advertir, no sólo hablaba en nombre de la National Home Builder's Association, sino que era su presidente".

Como se ve, para alcanzar el éxito en esta labor usted necesita las mismas cualidades que son esenciales en cualquier otro esfuerzo semejante: un deseo creciente hasta llegar al entusiasmo, una perseverancia capaz de desgastar montañas y el convencimiento de que triunfará.

Cuando desembarcó con sus legiones en lo que hoy se conoce como Inglaterra, luego de cruzar el canal de La Mancha desde la Galia, ¿qué hizo Julio César para asegurar el éxito de su empresa? Algo muy inteligente; reunió a sus soldados sobre los acantilados de Dover y les hizo mirar hacia el mar; así pudieron ver cómo las naves en que habían hecho la travesía se consumían entre rojas lenguas de fuego. En tierra enemiga, roto el último lazo que los unía al continente, consumida en las llamas la única posibilidad de retorno, sólo les quedaba una cosa por hacer: avanzar y conquistar. Y eso fue justamente lo que hicieron.

Tal era el espíritu del inmortal César. ¿Por qué no lo hace suyo, usted también, y emprende la batalla contra el miedo a la gente? Arroje al fuego hasta el último vestigio de pensamiento negativo, obstruya con una puerta de acero toda posible fuga hacia el incierto pasado.

CUARTO: APROVECHE TODA OPORTUNIDAD DE PRACTICAR

El curso que comencé a dictar en la Asociación Cristiana de Jóvenes antes de la Primera Guerra Mundial ha cambiado tanto que casi es irreconocible. Cada año se introdujeron nuevas ideas y se dejaron de lado las viejas. Pero hay un aspecto del curso que no se cambió. Cada alumno debe ponerse de pie una vez en cada clase, o en la mayor parte de los casos dos veces, y hablar ante sus compañeros. ¿Por qué? Porque nadie puede aprender a hablar en público sin hablar en público, del mismo modo que nadie puede aprender a nadar sin meterse en el agua. Usted podría leer todos los libros que se han escrito sobre el tema, incluso este mismo, y ni aun así sería capaz de hablar en público. Este libro es una guía muy completa. Pero usted debe poner en práctica sus sugestiones.

Cuando le preguntaron a George Bernard Shaw cómo había logrado aprender a hablar tan convincentemente, contestó: "Aprendí del mismo modo que aprendí a patinar, empecinándome, haciéndome el tonto hasta que logré acostumbrarme". En su juventud, Shaw era una de las personas más tímidas de Londres. Con frecuencia caminaba largo rato por el muelle antes de animarse a golpear la puerta. "Pocos hombres —confiesa— han sufrido tanto o se han sentido tan avergonzados por el mero hecho de ser cobardes."

Finalmente encontró el método más adecuado, más rápido y más seguro para dominar el miedo, la cobardía y la timidez. Resolvió hacer de su punto más débil su mayor virtud. Ingresó en una organización dedicada a los debates públicos. En Londres asistió a cada reunión donde se anunciaran discusiones públicas y tomó parte en ellas. Al abrazar la causa del socialismo pronunció numerosos discursos en todas partes. Así se transformó G. B. Shaw en uno de los más brillantes oradores de la primera mitad del siglo XX.

En todas partes se hallan oportunidades de hablar. Únase a organizaciones y ofrezca sus servicios para oficinas donde le sea necesario hablar. Párese y dé su opinión en las reuniones públicas a las que concurra, aunque sólo sea para apoyar una moción. No se esconda en las reuniones de negocios. ¡Hable! Enseñe en una escuela dominical. Hágase jefe de scouts. Únase a algún grupo donde tenga oportunidad de participar activamente en las reuniones. No tiene más que mirar a su alrededor para ver que casi no hay actividad comercial, política o profesional donde no tenga oportunidad de sobresalir y hablar, incluso en su mismo vecindario. Nunca sabrá cuánto puede progresar a menos que hable y hable constantemente.

—Ya sé todo eso —me dijo un día un joven ejecutivo—, pero vacilo al pensar en la prueba tremenda del aprendizaje.

—¡Prueba tremenda! —respondí—. Quítese esa idea de la cabeza; usted nunca pensó en el aprendizaje con el espíritu adecuado, con el espíritu conquistador.

—¿Qué espíritu es ése? —me preguntó.

—El espíritu aventurero —contesté. Le dije algunas palabras sobre el sendero del éxito, le hablé sobre la calidez y la riqueza que logra la personalidad del que se capacita.

—Lo probaré —dijo finalmente—; me embarcaré en esta aventura.

A medida que usted lea este libro y ponga en práctica sus principios, usted también se estará embarcando en esta aventura. Encontrará que es una aventura en la cual su visión y dominio de sí mismo lo ayudarán a sostenerse. Descubrirá que esta aventura puede transformarlo por dentro y por fuera.

II

EL DESARROLLO DE LA CONFIANZA

"Cuando hace cinco años vine al hotel donde usted, señor Carnegie, estaba realizando una de sus demostraciones, llegué hasta la puerta del salón donde se daba la clase y me detuve. Me di cuenta de que si entraba al salón y me unía a la clase, tarde o temprano debería pronunciar un discurso. Mi mano se paralizó sobre el picaporte. Me fue imposible entrar. Di media vuelta y salí del hotel.

"Si hubiera sabido entonces con qué facilidad hace usted perder el miedo, el paralizante miedo al público, no hubiera perdido, por cierto, los últimos cinco años."

El hombre que pronunciaba estas reveladoras palabras no estaba hablando sentado en su escritorio. Se dirigía a un auditorio de unas doscientas personas el día de graduación de uno de mis cursos en Nueva York. A medida que pronunciaba su discurso me iban impresionando cada vez más su aplomo y su seguridad. Aquí había un hombre, pensé, cuya capacidad de ejecutivo crecerá sin límites gracias a su recién adquirida habilidad y confianza. Lo mismo que su instructor, yo estaba muy satisfecho de ver cómo se había despojado del miedo, y no pude dejar de pensar cuántos éxitos podría haber alcanzado este hombre, cuánto más feliz se hubiera sentido, si hubiese podido derrotar el miedo cinco o diez años antes.

Emerson dijo: "La timidez perjudica más a los hombres que ninguna otra cosa sobre la tierra". ¡Oh! ¡Qué bien conozco yo la amarga verdad que encierran estas palabras! Y qué agradecido estoy a mi profesión que me permite salvar a la gente de su timidez. Al poco tiempo de iniciar mi curso en 1912, me di cuenta de que mi método iba a revelarse como uno de los más eficaces para ayudar a la gente a vencer la timidez y los complejos de inferioridad. Encontré que aprender a hablar en público es nuestro método natural para lograr seguridad y coraje, confianza en sí mismo. ¿Por qué? Porque hablar en público nos despoja de todos nuestros temores.

A través de los años que he pasado capacitando hombres y mujeres para hablar en público, he recogido algunas ideas para ayudarlo, para que pueda usted vencer el temor al auditorio en muy pocas semanas de práctica.

PRIMERO: COMPRENDA BIEN LAS CIRCUNSTANCIAS RELACIONADAS CON EL TEMOR A HABLAR EN PÚBLICO

Número uno: No es usted el único en sentir miedo de hablar en público. Estadísticas realizadas en diversos colegios muestran que de un ochenta a un noventa por ciento de los estudiantes inscriptos en clases de oratoria experimentan pánico ante el auditorio al comienzo del curso. Me inclino a creer que la cifra es aun más elevada entre los adultos que inician mi propio curso, casi diría que llega al ciento por ciento.

Número dos: Un poco de temor al auditorio es conveniente. Es éste el medio natural de prepararnos para un desusado enfrentamiento con nuestro medio. Así es que cuando usted note que su pulso y su respiración se aceleran, no se alarme. Su cuerpo, siempre alerta a los estímulos externos, se prepara para entrar en acción. Si se controla esta preparación psicológica, usted será capaz de pensar más lúcidamente, de hablar con mayor fluidez, y, en general, podrá hablar con mucha más intensidad que en circunstancias normales.

Número tres: Muchos oradores profesionales me han afirmado que nunca perdieron completamente el temor al auditorio. Es algo casi siempre presente antes de comenzar a hablar y que puede persistir durante los primeros instantes del discurso. Éste es el precio que esos hombres y mujeres pagan por su triunfo. Ciertos oradores que dicen estar tan "frescos como un pepino" en todo momento, son por lo general tan rígidos como un pepino y están tan inspirados como un pepino puede estarlo.

Número cuatro: La causa principal de su miedo de hablar en público es, simplemente, que usted no está acostumbrado a hacerlo. "El miedo es hijo de la ignorancia y la inseguridad", dice el profesor Robinson en *The mind in the making.* Para mucha gente, hablar en público es como una incógnita y, consecuentemente, algo cargado de ansiedad y de miedo. Para el que se inicia, constituye una compleja serie de situaciones extrañas, más complejas que aprender a jugar al tenis, por ejemplo, o a conducir un auto. Para hacer que esta difícil situación se transforme en algo fácil y simple, usted debe practicar y practicar constantemente. Descubrirá, como miles y miles lo han hecho, que hablar en público puede transformarse en algo placentero, en lugar de una terrible agonía, a medida que obtenga una serie de éxitos en el curso de su experiencia.

La forma en que Albert Edward Wiggam, el destacado conferenciante y popular psicólogo, logró vencer su miedo, me ha inspirado siempre desde que leí la historia por primera vez. Narra Wiggam cómo lo invadía una sensación de terror al pensar que debía ponerse de pie en el colegio y dar una charla de cinco minutos.

"Mientras se aproximaba la fecha —escribe—, me iba poniendo realmente enfermo. Siempre que el terrible pensamiento acudía a mi mente, afluía la sangre a mi cabeza, se enrojecían mis mejillas, experimentaba una sensación tan penosa que debía salir del colegio y apretarme la cara contra la pared de ladrillos para tratar de mitigar mi irreprimible rubor.

"En cierta ocasión, aprendí cuidadosamente de memoria un discurso que comenzaba así: 'Adam y Jefferson ya no existen'. Cuando enfrenté al auditorio, sentía vahídos, apenas sabía dónde me encontraba. Traté de emitir la primera frase, y dije lo siguiente: 'Adam y Jefferson han fallecido'. No pude decir una palabra más, así que saludé... y descendí solemnemente entre grandes aplausos. El presidente se levantó y dijo: 'Bien, Edward, estamos muy impresionados por las malas noticias, pero haremos lo posible para sobreponernos a las circunstancias'. En medio de la hilaridad general que sobrevino después, la muerte hubiera sido seguramente un bienvenido consuelo. Durante varios días estuve enfermo.

"Ciertamente, lo último que yo podía esperar en mi vida era transformarme en un orador."

Un año después de dejar el colegio, Albert Wiggam estaba en Denver. La campaña política de 1896 giraba en torno del problema del sistema monetario. Cierto día Wiggam leyó un folleto donde se explicaban los propósitos de los que apoyaban la emisión; se indignó tanto con lo que consideraba errores y falsas promesas de Bryan y sus seguidores que empeñó su reloj por el dinero necesario para regresar a Indiana, su lugar de origen. Una vez allí, ofreció sus servicios para hablar sobre el tema de la moneda sana. Muchos de sus viejos amigos del colegio se hallaban entre el auditorio. "Mientras comenzaba —escribe—, el recuerdo de mi discurso sobre Adam y Jefferson atravesó mi mente. Me atraganté y comencé a tartamudear. Todo parecía estar perdido. Pero, como dice Chauncey Depew, el auditorio y el orador nos arreglamos de algún modo para sobrellevar la introducción. Estimulado por mi pequeño éxito, hablé durante lo que yo consideré quince minutos. ¡Para mi asombro, descubrí luego que había estado hablando por espacio de una hora y media!

"Como resultado, en el curso de los próximos años, me encontré convertido en un orador profesional, de lo cual yo estaba más sorprendido que cualquier otro ser en el mundo.

"Supe por propia experiencia lo que William James quiso decir cuando se refirió a la costumbre del éxito."

Sí, Albert Edward Wiggam aprendió que uno de los más

seguros medios de desterrar el miedo devastador de hablar ante un grupo de gente consiste en acumular una serie de experiencias afortunadas.

Usted debe esperar cierto grado de temor como complemento natural de su deseo de hablar en público, y debe aprender a confiar en esa relativa sensación de miedo al auditorio, que lo ayudará para que su discurso sea más brillante.

Si el temor al público no puede controlarse y limita seriamente su efectividad produciendo un bloqueo mental, falta de fluidez, tics incontrolables, excesivos espasmos musculares, usted no debe perder toda esperanza. Estos síntomas no son extraños en los que se inician. Si usted realiza el esfuerzo necesario, descubrirá que el grado de temor al auditorio pronto se verá reducido hasta tal punto que será para usted una ayuda y no un obstáculo.

SEGUNDO: PREPÁRESE EN FORMA ADECUADA

El principal orador de un almuerzo ofrecido en el Club Rotario de Nueva York, varios años atrás, era un importante funcionario gubernamental. Esperábamos oírlo describir las actividades de su departamento.

Casi enseguida se hizo evidente que no había preparado su discurso. En un comienzo trató de hablar improvisando. Al no tener éxito en su tentativa, buscó en su bolsillo un fajo de notas que evidentemente no estaban más ordenadas que un montón de chatarra dentro de un carro. Las manipuló durante unos instantes; cada vez estaba más turbado y demostraba mayor ineptitud para pronunciar su discurso. Minuto a minuto su situación era más insostenible y su aturdimiento más evidente. Pero continuó su charla a tropezones, siguió perorando, tratando de extraer de sus notas algo que tuviera un asomo de sentido; con su mano temblorosa alzaba de cuando en cuando un vaso de agua hasta sus labios resecos. Presentaba el lastimoso aspecto del hombre completamente dominado por el pánico, debido a su falta casi total de preparación. Finalmente se sentó. Era uno de los oradores más humillados que yo haya visto en mi vida. Había dado su charla como Rousseau dice que debe ser escrita una carta de amor: comenzó sin saber qué diría y finalizó sin saber qué había dicho.

Desde 1912, ha sido mi deber profesional criticar cinco mil charlas por año. De esta experiencia surge una gran enseñanza que se destaca como el monte Everest sobre todos los demás. Solamente el orador preparado merece poseer seguridad. ¿Cómo es posible que alguien pretenda asaltar la fortaleza del miedo si se lanza a la batalla provisto de armas defectuosas, o sin ninguna clase de municiones? "Creo —dice Lincoln— que nunca habré envejecido lo suficiente como para hablar sin turbarme cuando no tengo nada que decir."

Si usted quiere conquistar seguridad, ¿por qué no hace la única cosa que puede darle seguridad como orador? "El perfecto amor —escribió el apóstol Juan— destierra el temor." Eso hace la perfecta preparación. Daniel Webster dice que le parecería tan inadecuado aparecer ante un auditorio a medio vestir como presentarse preparado a medias.

Nunca aprenda un discurso palabra por palabra

Por "perfecta preparación" ¿quiero decir que usted debe aprender de memoria su discurso? A esta pregunta respondo con un rotundo NO. En su tentativa de protegerse de los peligros que representa caer en una laguna mental ante el público, muchos oradores se precipitan en la trampa de aprenderlo todo de memoria. Una vez presa de esta especie de opio mental, el orador queda atrapado por un método agobiador de preparación que destruye su efectividad sobre el estrado.

Cuando H. V Kaltenborn, el decano de los comentaristas de noticias norteamericanos, estudiaba en la Universidad de Harvard, tomó parte en un concurso de oratoria. Eligió un pequeño relato titulado "Caballeros, el rey". Lo aprendió palabra por palabra y lo repasó centenares de veces. El día del concurso anunció el título de su pieza, "Caballeros, el rey". Entonces su mente quedó en blanco. Mejor dicho quedó totalmente a oscuras. Kaltenborn se aterrorizó. En medio de su desesperación, comenzó a expresar con sus propias palabras el contenido del relato. Él fue el más sorprendido de todos los alumnos cuando los jueces le otorgaron el primer premio. Desde aquel día hasta el de hoy, H. V Kaltenborn no ha aprendido de memoria un discurso. Ése ha sido el secreto de su éxito en su carrera radial. Toma algunas notas y habla naturalmente con su público sin ninguna clase de escritos.

El hombre que redacta y aprende de memoria sus discursos desperdicia su tiempo y energías y ronda en torno del desastre. Durante toda nuestra vida hemos hablado espontáneamente. No hemos estado pensando en las palabras. Hemos pensado en las ideas. Si nuestras ideas son claras, las palabras surgen natural e inconscientemente, del mismo modo que respiramos.

El mismo Winston Churchill tuvo que aprender esta lección del modo más duro. En su juventud, Churchill redactaba y aprendía de memoria sus discursos. Un día, durante una intervención memorizada en el Parlamento británico, se paralizó el curso de sus pensamientos. Su mente quedó en blanco. ¡Churchill estaba turbado, humillado! Repitió su última frase desde el principio. Una vez más su mente quedó en blanco y su rostro enrojeció. Se sentó. Desde entonces, Winston Churchill nunca intentó pronunciar un discurso aprendido de memoria.

Si aprendemos nuestra charla palabra por palabra, probablemente la olvidaremos cuando enfrentemos a nuestros oyentes. Incluso si no olvidamos nuestra charla aprendida de memoria, probablemente la pronunciaremos de una manera mecánica. ¿Por qué? Porque no surge de nuestros corazones, sino de nuestras memorias. Cuando hablamos en privado, siempre pensamos en algo que queremos decir; entonces lo expresamos decididamente, sin pensar en las palabras. Hemos estado haciendo lo mismo durante toda nuestra vida. ¿Por qué hemos de empeñarnos en cambiar esto? Si redactamos y aprendemos de memoria lo que debemos decir, podemos sufrir la misma experiencia que Vance Bushnell.

Vance se había graduado en la Escuela de Bellas Artes de París, y más tarde llegó a ser vicepresidente de una de las más importantes compañías de seguros de todo el mundo: The Equitable Life Assurance Society. Años atrás, le solicitaron que pronunciara una conferencia ante dos mil representantes de The Equitable Life procedentes de toda América, en una reunión que debía efectuarse en White Sulphur Springs, Virginia. Por aquella época, él tenía sólo dos años de experiencia en el negocio de los seguros, pero se había desempeñado con tanto éxito que fue elegido para una charla de veinte minutos.

Vance estaba encantado. Sentía que su conferencia iba a darle prestigio. Pero, desgraciadamente, la redactó y la aprendió de memoria. Ensayó cuarenta veces frente a un espejo. Todo estaba perfectamente calculado: cada frase, cada ademán, cada expresión del rostro. No había falla, pensaba Vance.

Sin embargo, cuando se puso de pie para hablar, se sintió invadido por el terror. Comenzó: "Mi parte en este programa consiste..." Su mente quedó en blanco. En medio de su confusión, dio dos pasos hacia atrás y trató de comenzar de nuevo por todos los medios. Nuevamente se hizo un vacío en su mente. Otra vez, dio dos pasos hacia atrás e intentó comenzar. Repitió tres veces la escena. La tribuna tenía metro y medio de altura, en la parte posterior carecía de barandilla, y desde allí hasta la pared había un espacio de unos dos metros de ancho. De tal manera, en su cuarto retroceso, cayó hacia atrás desde la plataforma y desapareció en el espacio abierto. El auditorio estalló en carcajadas. Un hombre cayó de su butaca y rodó por el pasillo. Nunca antes, ni otra vez desde entonces, en la historia de The Equitable Life Assurance Society, alguien dio un espectáculo tan cómico. La parte más asombrosa del suceso es que el auditorio pensó que se trataba realmente de un acto preparado. Los más antiguos en The Equitable Life aún continúan hablando de aquella escena.

Pero, ¿qué ocurrió con el orador, Vance Bushnell? Él mismo me confesó que aquélla había sido la ocasión en que más turbado se encontró en toda su vida. Experimentó tal desazón que presentó su renuncia.

Sus superiores lo persuadieron para que rompiera su renuncia. Trataron de que recuperara la confianza en sí mismo. Años más tarde, Vance Bushnell llegó a ser uno de los más eficientes oradores de su organización. Pero nunca volvió a aprender un discurso de memoria. Aprovechemos su experiencia.

He escuchado innumerables razones por las cuales hombres y mujeres tratan de pronunciar charlas aprendidas de memoria, pero no recuerdo un solo orador que no haya sido más eficiente, más lleno de vida, más humano, después de arrojar su discurso aprendido de memoria al cesto de los papeles. Obrando de esta manera, puede olvidar algunos puntos de la charla. Puede quizá divagar un poco, pero, por lo menos sus palabras serán más humanas.

Abraham Lincoln dijo una vez: "No me gusta escuchar un sermón bien preparado. Cuando oigo predicar, me gusta ver al orador actuar como si estuviera luchando con un enjambre de abejas". Decía Lincoln que le agradaba oír hablar con soltura y entusiasmo en un discurso. Ningún orador actúa como si estuviera luchando con una colmena cuando trata de recordar palabras aprendidas de memoria.

Reúna y ordene sus ideas de antemano

¿Cuál es, entonces, el método adecuado para preparar un discurso? Simplemente, éste: indague en su interior en busca de experiencias que le hayan enseñado algo acerca de la vida, y reúna sus pensamientos, sus ideas, sus convicciones, cuanto haya surgido de esas experiencias. Una verdadera preparación significa reflexión sobre sus propios temas. Es lo que decía el doctor Charles Reynold Brown, varios años atrás, en una memorable serie de conferencias en la Universidad de Yale: "Reflexione sobre su propio tema hasta que llegue a madurar... entonces registre sus ideas, en pocas palabras, las necesarias para fijar la idea... regístrelas en trozos de papel: descubrirá que es más fácil ordenar estos fragmentos cuando vaya a poner en orden su material". ¿Parece esto un programa muy dificultoso? No, y no lo es. Sólo requiere cierta concentración pensar con algún detenimiento en un propósito determinado.

Ensaye su discurso con sus amigos

¿Deberá usted ensayar su discurso después de haberle dado cierto orden? Sin ninguna duda. Es éste un método infalible, sencillo y efectivo. Utilice las ideas que ha seleccionado para su discurso en la conversación diaria con sus amigos, con sus socios. En lugar de pasar por alto la dificultad, inclínese sobre la mesa y diga algo así: "Sabes, Joe, una vez me pasó algo muy extraño. Me gustaría hablarte de eso". A Joe, probablemente, le encantará escuchar el relato. Observe sus reacciones. Preste atención a su respuesta. Joe puede tener alguna idea interesante que resulte de valor. Él no tiene por qué saber que usted está ensayando un discurso, y realmente esto no tiene ninguna importancia. Pero, probablemente, dirá luego que ha gozado con la conversación.

Allan Nevins, el distinguido historiador, da una advertencia similar a los escritores: "Escoja un amigo que se interese en el tema y háblele extensamente de lo que usted haya aprendido. De esta manera descubrirá que algunas interpretaciones suyas pueden estar erradas, que algunos aspectos de sus argumentos no se encuentran bien determinados, y hallará cuál es la forma más adecuada para escribir la historia que usted debe narrar".

TERCERO: PREDISPONGA SU MENTE
PARA EL ÉXITO

En el primer capítulo, recordará usted, esta frase fue utilizada con relación al desarrollo de la correcta actitud que debe tomarse en el período de capacitación. La misma regla puede aplicarse a la tarea específica que enfrentamos ahora, la de transformar cada oportunidad de hablar en una experiencia afortunada. Existen tres maneras de alcanzar este objetivo:

Sumérjase en su tema

Después que haya escogido el tema de su disertación, y lo haya ordenado de acuerdo con un plan, luego de haber hablado de éste con sus amigos, su preparación no ha finalizado. Usted debe convencerse de la importancia de su tema. Debe adquirir la actitud que ha inspirado a todos los verdaderos grandes personajes de la Historia: la creencia en su propia causa. ¿Cómo podrá avivar el fuego de la fe en el mensaje que debe pronunciar? Investigando todos los aspectos de su tema, apoderándose de su más hondo significado, y buscando en sí mismo el modo más adecuado para que su discurso ayude a sus oyentes a ser mejores después que lo hayan escuchado.

Aparte su atención de todos los
estímulos negativos

Por ejemplo, pensar que puede cometer errores gramaticales o detenerse súbitamente en medio de su disertación constituyen actitudes negativas que pueden hacerle perder la seguridad antes del comienzo. En especial, es muy importante que aparte su atención de sí mismo inmediatamente de que le llegue el turno de hablar. Concéntrese en lo que dicen los demás oradores, concédales toda su atención, sin reservas, y no podrá acumular un excesivo temor al auditorio.

A menos que se halle entregado a una gran causa a la que haya dedicado su vida, todo orador pasará por momentos de duda acerca de su tema. Se preguntará a sí mismo si el asunto elegido es el más adecuado para él, si será de interés para el auditorio. Experimentará una penosa tentación de cambiar el tema. En estas ocasiones, cuando el espíritu negativo se encuentra más a punto de derrumbar completamente la propia confianza, usted deberá hablar consigo mismo, con entusiasmo. En palabras claras y sinceras dígase que su discurso es el más adecuado para usted, porque proviene de su propia experiencia, de lo que usted piensa sobre la vida. Dígase a sí mismo que usted es más apto que cualquier otro miembro del auditorio para hablar sobre el tema de su disertación y que pondrá todo su esfuerzo en expresarlo lo mejor posible. ¿Es ésta una doctrina pasada de moda? Es posible, pero psicólogos experimentales contemporáneos concuerdan en el hecho de que la motivación basada en la autosugestión constituye uno de los más poderosos incentivos para un rápido aprendizaje, aun cuando sea simulada. ¡Cuánto más poderoso será entonces el efecto de una sincera plática consigo mismo basada en la verdad!

CUARTO: ACTÚE CON CONFIANZA

El famoso psicólogo norteamericano, el profesor William James, ha escrito lo siguiente:

"La acción parece ser una consecuencia del sentimiento, pero en realidad, acción y sentimiento son inseparables; al regular la acción, que se halla más directamente bajo el control de la voluntad, podemos regular indirectamente el sentimiento, que no lo está.

"Por ello, el soberano camino voluntario a la felicidad, si hemos perdido nuestra dicha, es tomar actitudes felices, actuar y expresarnos como si la felicidad fuera ya nuestra.

Si esta conducta no trae consigo un sentimiento de dicha, ninguna otra cosa puede lograrlo.

"Así, para sentirnos valerosos, debemos actuar como si lo fuéramos, emplear toda nuestra voluntad para ese fin, y un sentimiento de valor reemplazará muy probablemente nuestro sentimiento de miedo."

Ponga en práctica el consejo del profesor James. Para lograr coraje cuando enfrente a un auditorio, actúe como si ya lo poseyera. Por supuesto, siempre que esté preparado; de lo contrario todas las acciones del mundo le servirán de muy poco. Pero, dando por sentado que usted sabe bien lo que va a decir, preséntese con bríos y aspire hondamente. En realidad, siempre que deba enfrentar a un auditorio, respire profundamente durante treinta segundos antes de comenzar. El suplemento extra de oxígeno lo ayudará a mantenerse y aumentar su valor. El gran tenor Jean de Reszke solía decir que cuando se lograba una respiración que cupiera "sentarse en ella", la nerviosidad se desvanecía.

Trate de erguirse lo más que pueda y sostenga la mirada del auditorio; comience a hablar con la misma seguridad que sentiría si cada uno de ellos le debiera dinero. Imagínese que se lo deben. Piense que se han reunido allí para pedirle una prórroga de su crédito. El efecto psicológico que le producirá será beneficioso para usted.

Si usted duda de lo que significa esta filosofía, cambiaría de idea después de conversar unos minutos con alguno de los miembros de mis clases que le han precedido en la aplicación de nociones sobre las que se basa este libro. Como usted no puede hablar con ellos, escuche las palabras de un americano que será siempre un símbolo del valor. En un tiempo fue el más temeroso de los hombres; poniendo en práctica la autoconvicción llegó a ser uno de los más arrojados; fue el símbolo de la esperanza, el hombre que dominaba los auditorios, el gobernante que blandió el garrote, el presidente de los Estados Unidos, Theodore Roosevelt.

"Había sido un chico bastante enfermizo y torpe —escribe en su autobiografía—. En los primeros años de mi juventud, me sentía nervioso y desconfiaba de mi capacidad. Tenía que realizar penosos esfuerzos no sólo en lo tocante a mi físico, sino a mi alma, a mi espíritu."

Afortunadamente, Roosevelt nos ha revelado cómo llevó a cabo su transformación. "De niño —escribe Roosevelt— leí un pasaje de uno de los libros de Marryat que siempre me impresionó. El capitán de un pequeño barco de guerra británico explica al héroe cómo adquirir la virtud de la intrepidez. Dice que en un principio casi todos los hombres se sienten aterrorizados cuando van a entrar en acción, pero lo que deben hacer entonces es engañarse a sí mismos de modo que puedan actuar como si no tuvieran miedo. Después de un tiempo, la fantasía se transforma en realidad y el hombre llega a ser valiente a fuerza de practicar la intrepidez sin sentirla.

"Ésta es la teoría que apliqué en adelante. Había infinidad de cosas que me causaban temor al principio, desde los osos pardos hasta los caballos ariscos y la lucha con armas de fuego; pero actuando como si no tuviera miedo, gradualmente dejé de tenerlo. La mayoría de los hombres pueden experimentar lo mismo si eligen este camino."

La derrota del miedo a hablar en público provoca un tremendo cambio de valor en todo lo que realizamos. Aquellos que aceptan este desafío encuentran luego que son mejores individuos. Descubren que su victoria sobre el temor de hablar ante la gente les ha procurado una vida más rica y plena.

Escribe un vendedor: "Después de ponerme de pie unas cuantas veces ante la clase me sentí capaz de enfrentar a quien fuera necesario. Una mañana me dirigí a la oficina de un agente de ventas especialmente tenaz; antes que él pudiera decir 'no', yo había extendido mis muestras sobre su escritorio. Me firmó uno de los mayores pedidos de compra que yo haya recibido en mi vida".

Una ama de casa manifiesta a uno de nuestros representantes: "Temía invitar a mi casa a mis vecinos, pensando que no sería capaz de llevar adelante la conversación. Después de tomar algunas lecciones en que tuve que ponerme de pie, tomé mi decisión y realicé mi primera velada. Fue todo un éxito. No sentí ninguna dificultad para estimular al grupo orientándolo hacia interesantes conversaciones".

En una clase de graduación, un empleado de comercio expresó: "Sentía miedo de los clientes, les hablaba en un tono que parecía de excusas. Después de hablar algunas veces ante la clase, comprendí que hablaba con mayor seguridad y aplomo, comencé a responder a las objeciones con autoridad. Mis ventas aumentaron en un cuarenta y cinco por ciento en el mes que siguió al comienzo de mi ingreso en el curso".

Todos ellos descubrieron que era fácil vencer otros temores y ansiedades y tener éxito donde antes podían haber fracasado. Usted también hallará que hablar en público le ayudará a hacer frente a los problemas que se presentan cada día, merced a la actitud particular que brinda la confianza. Será capaz de considerar los problemas y conflictos de la vida, provisto de un nuevo sentimiento de capacidad. Lo que ha sido una serie de situaciones insolubles puede llegar a ser una luminosa invitación a aumentar el placer de vivir.

III

HABLAR EFICAZMENTE DE UNA MANERA MÁS FÁCIL Y RÁPIDA

Rara vez miro la televisión durante el día, pero recientemente un amigo me pidió que sintonizara cierto programa vespertino dirigido principalmente a las amas de casa. Su calificación era elevada y mi amigo quiso que lo presenciara pensando que la participación del auditorio, que constituía parte del programa, podría ser de interés para mí. Así fue, ciertamente. Vi varias veces la audición fascinado por la habilidad con que su director lograba que personas del auditorio hablasen de tal modo que se apoderaran de mi atención. No eran de ninguna manera oradores profesionales. Nunca se habían adiestrado en el arte de la comunicación. Algunos de ellos se expresaban incorrectamente, pronunciando mal algunas palabras. Pero todas sus charlas eran interesantes. Cuando comenzaban a hablar perdían, al parecer, el temor de encontrarse ante la cámara y conseguían la atención del auditorio.

¿Cuál era la razón? Conozco la respuesta, pues durante muchos años he utilizado las mismas técnicas empleadas en este programa. Esta gente, simple, hombres y mujeres de pobre condición, atraían la atención de los espectadores de todo el país; hablaban acerca de sí mismos, de sus momentos más difíciles, de sus recuerdos más gratos, de cómo habían encontrado a sus maridos o a sus esposas. No había allí nada parecido a una introducción, un desarrollo y una conclusión. No había nada que tuviera que ver con el lenguaje y su estructura. Sin embargo, obtenían la aprobación del auditorio, una atención completa a lo que expresaban. Es ésta una dramática prueba de lo que para mí constituye la primera de las tres reglas fundamentales en el camino más fácil y rápido de aprender a hablar en público.

PRIMERO: HABLE ACERCA DE ALGO SOBRE LO QUE USTED HAYA GANADO EL DERECHO DE HABLAR, YA SEA POR ESTUDIOS O POR PROPIA EXPERIENCIA

Los hombres y mujeres cuyos vívidos relatos procuraban interés a ese programa de televisión estaban hablando de sus propias experiencias personales. Hablaban de algo que conocían. Considere qué aburrido hubiese resultado el programa, si se les hubiera pedido que definieran el comunismo o la estructura de las Naciones Unidas. Sin embargo, ése es, precisamente, el error en que incurren numerosos oradores en incontables reuniones y banquetes. Consideran que deben hablar sobre ciertos temas acerca de los cuales poseen muy poco o ningún conocimiento personal y a los que han dedicado muy poca o ninguna atención. Toman un tema determinado, como patriotismo, o democracia, o justicia, y luego, tras unas pocas horas de frenética búsqueda en un libro de citas o en un manual de oratoria para todas las ocasiones, lanzan precipitadamente una serie de generalidades que recuerdan vagamente del curso de ciencia política que siguieron una vez en el colegio, y pronuncian un discurso que sólo se distingue por su longitud. Nunca sucede, con estos oradores, que el auditorio se interese en lugares comunes que ponen elevados conceptos al ras del suelo.

En una reunión regional de los instructores de Dale Carnegie®, efectuada en el Conrad Hilton Hotel en Chicago algunos años atrás, un estudiante comenzó con estas palabras: "Libertad, Igualdad, Fraternidad. Son éstas las más poderosas ideas que figuran en el diccionario de la Humanidad. Sin libertad, la vida no vale la pena de ser vivida.

Imagínense lo que sería la existencia si su libertad de acción estuviera restringida en todos los sentidos".

Esto es todo lo que pudo decir, pues fue interrumpido prudentemente por su instructor, quien le preguntó por qué creía en lo que estaba diciendo. Le pidió que, si le era posible, diera alguna prueba de su experiencia personal para justificar lo que nos expresaba. Nos ofreció entonces una asombrosa historia.

Había sido guerrillero francés. Nos relató las humillaciones sin límites que él y su familia sufrieron bajo el dominio nazi. Nos describió con vívidas palabras cómo escapó de la policía secreta y viajó finalmente a los Estados Unidos. Finalizó diciendo: "Cuando caminaba hoy por la avenida Michigan hacia este hotel, era libre para venir o volverme, para hacer lo que deseara. Pasé junto a un policía y ni siquiera advirtió mi presencia. Entré en este hotel sin tener que presentar ninguna tarjeta de identificación y, cuando finalice esta reunión, puedo ir adonde quiera dirigirme. Créanme, vale la pena luchar por la libertad". Recibió una cerrada ovación del auditorio.

Cuéntenos lo que ha aprendido de la vida

Los oradores que hablan de lo que la vida les ha enseñado nunca dejan de atraer la atención de sus oyentes. Sé, por experiencia, que los oradores, en general, no se avienen fácilmente a aceptar este punto de vista; eluden el empleo de experiencias personales por considerarlo demasiado trivial o demasiado restringido. Prefieren elevarse hacia los dominios de las ideas generales y los principios filosóficos, donde, desgraciadamente, el aire se halla muy enrarecido para que pueda respirarlo la mayor parte de los mortales. Nos ofrecen editoriales cuando tenemos hambre de noticias. Ninguno de nosotros se niega a escuchar editoriales, cuando proceden de un hombre cuya función es redactarlos: un director de diario, un periodista. Lo importante, sin embargo, es lo siguiente: hable sobre lo que la vida le haya enseñado y lo escucharé devotamente.

Se decía de Emerson que siempre quería escuchar a cualquier individuo, sin importarle lo humilde que pudiera ser su condición, pues sentía que era posible aprender algo de lo que dijera todo hombre con el que se encontraba. Personalmente, he escuchado más discursos, quizá, que ningún otro hombre al oeste de la cortina de hierro y puedo decir, con absoluta certeza, que nunca he oído una disertación aburrida cuando el orador relataba lo que le había enseñado la vida, por breve o trivial que pudiera haber sido la lección.

Un ejemplo: hace algunos años, uno de nuestros instructores dirigía un curso dedicado a los empleados más antiguos de los bancos de Nueva York. Naturalmente, los miembros de dicho grupo, como tenían sus horas muy ocupadas, se hallaban frecuentemente con dificultades para prepararse convenientemente, o bien para llevar a cabo lo que consideraban una preparación. Habían pasado sus vidas pensando para sí, nutriendo sus propias convicciones personales, viendo las cosas según sus propios puntos de vista, viviendo sus experiencias originales. Habían pasado cuarenta años acumulando material para hablar, pero era difícil, para algunos de ellos, comprender esto plenamente.

Un viernes, cierto individuo empleado en uno de los bancos de la ciudad —para nuestros propósitos lo llamaremos señor Jackson— se encontró con que había llegado su turno ¿y acerca de qué podría él hablar? Salió de su oficina, compró un ejemplar de Forbes' Magazine en un puesto de diarios, y, mientras viajaba en el subterráneo hacia el Federal Reserve Bank, donde se dictaban las clases, leyó un artículo titulado: "Le quedan solamente diez años para alcanzar el éxito". Lo leyó, no porque le interesara especialmente el tema, sino para poder hablar sobre alguna cosa durante su espacio de tiempo en la clase.

Una hora más tarde, se puso de pie e intentó hablar sobre el contenido del artículo, procurando que su tono fuera convincente y despertara el interés del público.

¿Cuál fue el resultado, el inevitable resultado?

El señor Jackson no había meditado, no había asimilado lo que estaba tratando de decir. "Tratando de decir", aquí está todo claramente expresado. Estaba tratando. No había en su interior ningún verdadero mensaje que estuviera pugnando por manifestarse; y el conjunto de sus ademanes, su tono de voz, lo descubrían inequívocamente. ¿Cómo podría esperar que el auditorio experimentara una impresión mayor de la que él mismo experimentaba? No se apartó del artículo, nos refirió que el autor decía esto y aquello. En todo el discurso había un exceso de Forbes' Magazine, pero, lamentablemente, muy poco del señor Jackson.

Cuando terminó de hablar, le dijo el instructor: "Señor Jackson, no nos interesa en absoluto la oscura personalidad del autor de ese artículo. No se encuentra aquí. No podemos verlo. Pero nos interesan usted y sus ideas. Díganos lo que usted piensa, personalmente, no lo que ningún otro pueda decir. Ponga más del señor Jackson en ello. ¿Hablará sobre el mismo tema la próxima semana? Lea ese artículo nuevamente, y considere si está de acuerdo con el autor o si no lo está. Si concuerda, ilustre los puntos correspondientes con observaciones que provengan de su propia experiencia. Si no está de acuerdo, díganos por qué. Deje que ese artículo sea el punto de partida de donde surgirá su propio discurso".

El señor Jackson volvió a leer el artículo y llegó a la conclusión de que no se hallaba en absoluto de acuerdo con el autor. Buscó ejemplos en su memoria para probar sus puntos de desacuerdo. Desarrolló y explayó sus ideas con detalles de su propia experiencia como ejecutivo bancario. Regresó a la semana siguiente y pronunció un discurso colmado de convicciones personales, fundamentado en sus propios pensamientos. En lugar del apagado artículo de una revista, nos ofreció un mineral extraído de su propia mina, acuñado por él mismo. Dejo a usted que decida cuál de las charlas produjo mayor efecto sobre la clase.

Busque los temas en su propia experiencia

En cierta oportunidad se solicitó a los instructores de un grupo que escribieran en una tira de papel lo que les producía mayores problemas con los alumnos que se iniciaban. Cuando se observaron las notas pudo comprobarse que "lograr que los estudiantes hablaran sobre el tema adecuado" constituía el problema más frecuente en las primeras sesiones de mi curso.

¿Qué significa el tema adecuado? Usted puede estar seguro de que lo conoce si ha formado parte de su vida si lo ha hecho realmente suyo mediante la experiencia y la reflexión. ¿Cómo encontrará usted temas? Recorriendo su memoria, buscando dentro de sí mismo aquellos momentos más significativos de su vida que le hayan dejado una vívida impresión. Hace algunos años, hicimos una revisión de los temas que más atrajeron la atención de los oyentes en nuestras clases. Descubrimos que el material que mayor impresión provocaba en el auditorio se relacionaba con determinados aspectos muy bien definidos en el conjunto de nuestros recuerdos.

Los primeros años y la manera en que nos educaron. Todo lo relacionado con la familia, las memorias de la infancia, los días escolares, atrae invariablemente la atención, pues a la mayoría de nosotros nos interesa saber qué obstáculos encontraron otras personas y cómo los vencieron en el medio ambiente en que fueron criados.

Siempre que sea posible, introduzca en sus charlas ilustraciones y ejemplos correspondientes a sus primeros años. La popularidad de que gozan las obras de teatro, películas y cuentos relacionados con el tema de enfrentamiento con el mundo en los primeros años de vida atestigua el valor de este material en lo que respecta al asunto que estamos tratando. Pero ¿cómo puede usted asegurarse de que a alguien le interesará conocer lo que le sucedió en su juventud? Es algo comprobado. Si algún recuerdo aparece nítidamente en su memoria, muchos años después del hecho que rememora, casi puede garantizarse el interés del público en él.

Primeras luchas para abrirse camino. Es éste un sector de nuestra experiencia colmado de interés para el hombre. Nuevamente aquí la atención de un grupo puede ser absorbida mediante el relato de los primeros intentos que haya hecho usted por dejar una señal de su paso por el mundo. ¿Cómo se inició en su actividad particular, en su profesión? ¿Qué circunstancias especiales determinaron su carrera? Háblenos de sus tropiezos, de sus esperanzas, de sus triunfos, de cuando usted comenzaba a competir por su lugar en el mundo. Un cuadro realista de la vida de cualquiera de nosotros —si lo expresamos modestamente— constituye un material de éxito casi seguro.

Aficiones y entretenimientos. Los temas correspondientes a este sector de nuestra experiencia están basados en las preferencias personales y como tales dominan la atención. Uno no puede equivocarse hablando sobre algo que realiza sólo por el placer que le produce. El entusiasmo natural que uno siente por su afición particular permitirá que la exposición del tema interese a cualquier auditorio.

Áreas especiales de conocimiento. Muchos años de trabajo en un mismo campo habrán hecho de usted un perito en la línea en que se orientan sus esfuerzos. Puede estar seguro de obtener una respetuosa atención si discute aspectos de su tarea o profesión basados en sus años de experiencia o de estudio.

Experiencias poco frecuentes. ¿Se ha encontrado alguna vez con un gran hombre? ¿Ha estado en la guerra bajo el fuego enemigo? ¿Ha pasado por alguna crisis espiritual en su vida? Estas experiencias constituyen el mejor material para un discurso.

Creencias y convicciones. Quizás haya dedicado usted gran parte de su tiempo y de sus esfuerzos a pensar en su posición acerca de temas vitales relacionados con el mundo de nuestros días. Si ha dedicado usted numerosas horas al estudio de importantes soluciones, ha ganado con ello el derecho de hablar acerca de ellas. Pero cuando lo haga, asegúrese de que ofrece ejemplos específicos para sostener sus convicciones. Al público no le gustan los discursos plagados de conceptos generales. No vaya a considerar la lectura ocasional de algunos artículos periodísticos como una suficiente preparación para hablar sobre tales temas. Si su conocimiento no es mucho mayor que el de su auditorio, mejor será que no hable. Por el contrario, si usted ha consagrado años de estudio a un asunto particular, se trata, indudablemente, de un tema sobre el que usted debe hablar. Por supuesto, úselo.

Como puntualizamos en el capítulo II, la preparación de una charla no consiste meramente en registrar sobre un papel unas cuantas palabras mecánicamente, ni tampoco en aprenderse de memoria una serie de frases. No consiste en extraer ideas de segunda mano de algún libro leído apresuradamente, o de un artículo periodístico. Consiste, por el contrario, en penetrar en lo más profundo de su mente y sacar a la luz algunas convicciones fundamentales que allí se han acumulado en el curso de su existencia. No dude en ningún momento de que allí se encuentra el material preciso. ¡Allí está! En grandes cantidades, esperando que usted lo descubra. No menosprecie ese tesoro de su experiencia como algo demasiado personal, falto de interés para el público. Discursos de esa naturaleza me han entretenido muchísimo y me han emocionado profundamente, en mayor grado que muchos otros discursos de oradores profesionales.

Sólo hablando acerca de algo que usted se halla capacitado para expresar, podrá llenar el segundo requerimiento del aprendizaje más fácil y rápido para hablar en público. Es el siguiente:

SEGUNDO: ASEGÚRESE DE QUE SIENTE
ENTUSIASMO POR SU TEMA

No todos los temas sobre los cuales usted o yo hemos ganado el derecho a hablar nos producen entusiasmo. Por ejemplo, por diversas circunstancias, yo podría disertar sobre el lavado de platos. Pero por una u otra causa no puedo entusiasmarme con el tema. En realidad, me olvidaría del mismo casi por completo. Sin embargo, he escuchado hablar a amas de casa —amas de llaves para ejecutivos— que pronunciaban soberbias conferencias sobre ese mismo tema. Se había despertado en ellas tal indignación ante la tarea del lavado de platos, o habían creado tan ingeniosos métodos para eludir el desagradable trabajo, que pudieron llegar a entusiasmarse realmente con el tema. En consecuencia, lograron hablar con eficacia sobre el lavado de platos.

He aquí una pregunta que le ayudará a determinar la conveniencia de los temas sobre los cuales usted se siente capaz de hablar en público: si alguien se pone de pie y se opone resueltamente a sus puntos de vista, ¿se sentirá usted impulsado a expresarse con convicción y sinceridad en defensa de su posición? Si es así, usted posee el tema adecuado para su disertación.

Recientemente, he revisado algunas notas que escribí en 1926, después de haber asistido a la séptima reunión de la Liga de las Naciones, en Ginebra. Éste es uno de los párrafos: "Luego de que tres o cuatro insulsos oradores leyeron sus manuscritos, Sir George Foster, de Canadá, subió al estrado. Con inmensa satisfacción observé que no llevaba papeles o anotaciones de ninguna clase. Él gesticulaba casi constantemente. Tenía puesto el corazón en lo que decía. Llevaba algo que necesitaba expresar por todos los medios. Los hechos que trataba de transmitir al auditorio, seguras convicciones que abrigaba dentro de sí mismo, eran tan claros como el lago de Ginebra que se veía a través de las ventanas. Los principios por los que yo había abogado siempre en mis clases estaban bellamente ilustrados en este discurso".

A menudo recuerdo aquellas palabras de Sir George. Era sincero, poseía buena fe. Solamente eligiendo temas que sentimos tan buenos en nuestro corazón como en nuestra mente se pondrá nuestra sinceridad de manifiesto. El obispo Fulton J. Sheen, uno de los más dinámicos oradores de los Estados Unidos, aprendió esta lección en los primeros años de su vida.

"Había sido seleccionado para el torneo de debates en el colegio —escribe en su libro Vale la pena vivir (Life Is Worth Living)—, y la noche anterior al debate sobre Nuestra Señora, nuestro profesor me llamó a su despacho y me reprendió.

"—Estás totalmente mal. Nunca hemos tenido en la historia de este colegio un orador peor que tú.

"—Bueno —dije tratando de justificarme—, si estoy tan mal ¿por qué me ha elegido usted para el torneo?

"—Porque eres capaz de pensar —contestó—, no porque seas capaz de hablar. Trata de superar ese obstáculo. Toma un párrafo de tu discurso y examínalo detenidamente.

"Repetí el mismo párrafo una y otra vez por el término de una hora, al fin de la cual, el profesor me preguntó: '¿Encuentras algún error?' 'No'. De nuevo, una hora y media, dos horas, dos horas y media; ya me encontraba exhausto. '¿Aún no ves dónde estás equivocado?'

"Después de dos horas y media, por ser naturalmente rápido, comprendí.

"—Sí, no soy sincero. No soy yo mismo. No expreso lo que yo quiero decir realmente."

En aquel momento, el obispo Sheen aprendió una lección que nunca olvidaría: se compenetró en su discurso. Llegó a entusiasmarse con el tema de su disertación. Sólo entonces el inteligente profesor le dijo: "Ahora, ya estás listo para hablar".

Cuando algún miembro de mis clases dice que nada puede entusiasmarlo, que lleva un estilo de vida muy aburrido, nuestros instructores le preguntan qué es lo que hace con su tiempo libre. Unos van al cine, otros a jugar a los bolos y otros cultivan rosas. Uno de los alumnos le dijo al instructor que coleccionaba cajas de fósforos. Como el instructor le siguió haciendo preguntas sobre su rara afición, el individuo se fue animando gradualmente. Pronto acompañaba sus palabras con ademanes mientras describía las gavetas donde guardaba su colección. Le dijo al instructor que poseía cajas de fósforos procedentes de casi todos los países del mundo. Cuando llegó a entusiasmarse hablando de su tema favorito, el instructor lo detuvo. "¿Por qué no nos habla del tema? Me parece fascinante". Confesó que creía difícil que ese tema pudiera interesarle a alguien. Se trataba de un hombre que había pasado años de su vida ocupado con un pasatiempo que, para él, era casi una pasión; sin embargo, no creía en su valor como tema para una charla. El instructor le aseguró que el único modo de evaluar el interés que puede despertar un asunto consiste en preguntarse qué interés posee para uno mismo. Ese hombre habló aquella noche con todo el fervor de un verdadero coleccionista. Más tarde me enteré de que se había granjeado mucho aprecio entre las personas de su medio asistiendo a varios almuerzos y hablando sobre su colección de cajas de fósforos.

Este ejemplo nos conduce directamente hacia el tercer principio básico para aquellos que buscan un medio fácil y rápido de aprender a hablar en público.

TERCERO: ESTÉ ANSIOSO POR COMPARTIR SU DISCURSO CON LOS OYENTES

Existen tres factores en toda disertación. El orador, el texto del discurso o mensaje, y los oyentes. Las dos primeras reglas enunciadas en este capítulo tratan de las relaciones entre el orador y el contenido de su discurso. Hasta el momento, no hay discurso propiamente dicho. Sólo cuando el orador se dirige a un auditorio cobra vida su disertación. El discurso puede estar bien preparado; puede estar relacionado con un tema que entusiasme al orador; pero para lograr un éxito completo, otro factor es necesario en el curso de la exposición. El orador debe hacer sentir a sus oyentes que lo que él tiene que expresar es algo importante para ellos. No sólo el orador debe estar entusiasmado con el tema, sino que debe intentar por todos los medios transmitir su entusiasmo al público que lo escucha. Todo orador destacado en la historia de la elocuencia poseyó esa inequívoca cualidad de vendedor, o evangelista, como quiera llamársela. El orador eficaz desea con sinceridad que sus oyentes experimenten lo mismo que él experimenta, que concuerden con sus puntos de vista, que realicen aquello que, según él, es lo mejor que pueden realizar y que experimenten con el mismo goce lo que él experimenta. Está concentrado en los oyentes, no en sí mismo. Sabe que el éxito o el fracaso de su discurso no los decidirá él, se decidirán en las mentes y los corazones de quienes lo escuchan.

Yo preparé a varios hombres en la sucursal del Instituto Americano de Bancos, de Nueva York, para hablar durante una campaña en favor del ahorro. Había uno de ellos que no lograba entusiasmar a su auditorio. El primer paso que di para ayudarlo fue tratar de encender su mente y su ánimo con el entusiasmo que debía producirle el tema de su disertación. Le dije que se retirara y pensara a solas en su tema hasta llegar a sentir que era un tema que lo entusiasmaba. Le pedí que recordara que las estadísticas judiciales sobre los testamentos, en Nueva York, muestran que más del 85 por ciento de la gente no deja nada al morir; que solamente el 3,3 por ciento deja una cantidad de 10.000 dólares o más. Debía tener siempre en cuenta que no estaba pidiendo un favor personal a nadie, o algo que la gente no estaba en condiciones de realizar. Tuvo que decirse a sí mismo:

"Estoy preparando a estas personas para que puedan obtener alimentos y ropa y comodidades en su vejez, y para que no dejen desamparados a sus hijos y esposas". Debía recordar que iba a ser el representante de un gran servicio social. En resumen, tenía que ser un misionero.

Este hombre pensó en todos estos hechos. Los hizo penetrar en su mente. Se despertó su propio interés, su propio entusiasmo, y llegó a sentir que, realmente, tenía una misión que cumplir. Luego, cuando comenzó su discurso, sus palabras poseían un timbre que llevaba implícita la convicción. Persuadió a sus oyentes de los beneficios del ahorro porque sentía un imperioso deseo de ayudar a la gente. No era ya tan sólo un orador provisto de hechos concretos, era un misionero obteniendo conversos para una causa noble.

En cierta época de mi carrera, confiaba excesivamente en las reglas de los textos de oratoria. Con ello no hacía más que reflejar algunos malos hábitos que me habían inspirado profesores que no se habían desprendido de la altisonante mecánica de la elocución.

Nunca olvidaré mi primera lección de oratoria. Me habían enseñado a dejar el brazo caído a un costado, con la palma vuelta hacia atrás, los dedos semicerrados y el pulgar tocando la pierna. Debía ejercitarme en la acción de levantar el brazo haciendo una curva pintoresca, dar un giro clásico a la muñeca, desplegar luego el dedo índice, después el mayor y finalmente el meñique. Cuando el ornamental y estético movimiento había sido ejecutado, el brazo debía volver a trazar la curva y quedar nuevamente junto a mi pierna. La representación era ridícula y afectada. Carecía en absoluto de sensibilidad.

Mi instructor no hizo ninguna tentativa para que yo volcara mi personalidad en mis palabras; nada para hacerme hablar como un hombre normal que pone toda su energía en mantener una conversación con su auditorio.

Compare esta mecánica introducción al aprendizaje de la oratoria con las tres reglas fundamentales que he expuesto en este capítulo. En ellas se encuentra el fundamento de toda mi introducción al aprendizaje para llegar a ser un eficiente orador. Las encontrará una y otra vez en las páginas de este libro. En los tres capítulos siguientes, cada una de ellas será desarrollada en detalle.

PRINCIPIOS BÁSICOS PARA HABLAR EFICAZMENTE

I. LA ADQUISICIÓN DE LOS CONOCIMIENTOS BÁSICOS

1. Aproveche la experiencia ajena.
2. Tenga siempre presente su objetivo.
3. Predisponga su mente para el éxito.
4. Aproveche toda oportunidad de practicar.

II. EL DESARROLLO DE LA CONFIANZA

1. Comprenda bien las circunstancias relacionadas con el temor a hablar en público.
2. Prepárese en forma adecuada.
   Nunca aprenda un discurso palabra por palabra.
   Reúna y ordene sus ideas de antemano.
   Ensaye su discurso con sus amigos.
3. Predisponga su mente para el éxito.
   Sumérjase en su tema.
   Aparte su atención de todos los estímulos negativos.
   Dése una charla de ánimo.
4. Actúe con confianza.

III. HABLAR EFICAZMENTE DE UNA MANERA MÁS FÁCIL Y RÁPIDA

1. Hable acerca de algo sobre lo que usted haya ganado el derecho de hablar ya sea por estudios o por propia experiencia.
   Cuéntenos lo que ha aprendido de la vida.
   Busque los temas en su propia experiencia.
2. Asegúrese de que siente entusiasmo por su tema.
3. Esté ansioso por compartir su discurso con los oyentes.

SEGUNDA PARTE

Discurso, orador y auditorio

En esta parte nos referiremos al triángulo del discurso, a los tres aspectos que lo constituyen.

En primer lugar, tenemos el contenido del discurso. Sabemos ya que debe ser tejido en el telar de nuestras experiencias.

Luego está el orador. Expondremos aquí cuáles son los atributos mentales, físicos y vocales que contribuyen a vigorizar el discurso.

Por último nos encontraremos con el auditorio, el objetivo hacia el que se dirige el discurso y el árbitro decisivo del éxito o el fracaso del orador.

IV

GANAR EL DERECHO A HABLAR

Hace unos cuantos años, ingresaron en una de nuestras clases, en Nueva York, un doctor en filosofía y un hombre tosco y decidido que había pasado su juventud enrolado en la Armada Británica.

El hombre con el título era profesor universitario; el ex marinero poseía un pequeño comercio de verduras en una calle lateral. Las charlas de este último gozaron de una acogida mucho más calurosa por parte de la clase que las del profesor. ¿Por qué razón? El inglés del doctor en filosofía era hermoso. Se trataba de una persona culta, refinada. Sus charlas eran lógicas y claras. Pero fallaban en lo esencial: concisión. Eran vagas y generales. Ni siquiera una vez ilustró algún punto de su discurso con algo parecido a una experiencia personal. Sus disertaciones, por lo general, consistían en una serie de ideas abstractas, enlazadas en un sutil orden lógico.

Por el contrario, el lenguaje del propietario del pequeño negocio era definido, concreto y pintoresco. Utilizaba palabras de uso cotidiano. Nos daba una opinión y la justificaba explicándonos algo que le había sucedido en el curso de sus negocios. Nos describía la gente con que tenía que tratar y nos hablaba de los dolores de cabeza que le producía a veces mantenerse firme al efectuar una transacción. La fuerza y frescura de su lenguaje daba a sus charlas un tono sumamente instructivo y entretenido.

Cito este ejemplo, no porque defina las características de los profesores universitarios y los hombres de negocios, sino porque ilustra el poder que poseen la riqueza y el colorido de los detalles para atraer la atención en un discurso.

Hay cuatro caminos para organizar el material del discurso de modo que quede asegurada la atención del auditorio. Si usted los sigue en el curso de su aprendizaje estará preparado para lograr la más entusiasta atención de sus oyentes.

PRIMERO: LIMITE SU TEMA

Una vez seleccionado el tema de su disertación, lo primero que usted debe hacer es determinar la amplitud de éste y ajustarse estrictamente a los límites marcados. No cometa el error de intentar un paso más allá. Un joven trató de disertar durante dos minutos sobre el tema siguiente: "Atenas desde el año 500 a.C. hasta la guerra de Corea". Apenas había pasado de la fundación de la ciudad cuando tuvo que terminar. Era una víctima más de la pretensión de abarcar demasiado en un solo discurso. El ejemplo es exagerado, lo sé; he asistido a miles de conferencias menos amplias en la extensión de su tema, pero fallaban por la misma razón. Abarcaban un excesivo número de aspectos del mismo asunto. ¿Cuál es la razón del fracaso? Es imposible para la mente prestar atención continua a una monótona serie de detalles. Si su discurso se parece a una lectura del Anuario universal, usted no podrá mantener mucho tiempo la atención del público. Elija un tema simple, como un viaje al parque de Yellowstone. Dominadas por su ansiedad de no dejar nada de lado, muchas personas encuentran algo que decir de cada vista del parque. El auditorio es arrastrado de un punto a otro con una velocidad vertiginosa. Finalmente, todo lo que queda en su memoria es una borrosa mancha de cataratas, géiseres y montañas. ¡Cuánto más digno de recordarse podría haber sido ese discurso si el orador se hubiera limitado a un aspecto particular del parque como la vida silvestre o las fuentes de aguas termales! En tal caso, hubiera tenido tiempo suficiente para mostrar los detalles pintorescos que darían una vívida y colorida imagen del parque de Yellowstone.

Esto es válido para todo tema, ya se trate de ventas, exención de impuestos, repostería o proyectiles dirigidos. Antes del comienzo, usted debe limitar y seleccionar su tema, y reducirlo a la extensión conveniente para ajustarse al tiempo de que dispone.

En un discurso de poca duración, menos de cinco minutos, todo lo que usted puede pretender es hablar someramente de uno o dos aspectos del tema. En uno más extenso, más de media hora, pocos oradores tienen éxito si tratan de exponer más de cuatro o cinco ideas principales.

SEGUNDO: DESARROLLE SU PODER DE RESERVA

Es mucho más fácil pronunciar un discurso que apenas roza la superficie de los hechos que profundizar en busca de ellos. Pero cuando usted opta por el camino más cómodo, muy poca o ninguna será la impresión que produzca su disertación en el auditorio. Una vez limitados los aspectos de su tema, sobre los cuales hablará, el próximo paso consiste en hacerse preguntas que darán mayor profundidad a sus conocimientos y lo capacitarán para exponer el tema que usted haya escogido. "¿Por qué creo yo en esto? ¿Cuándo he visto un ejemplo de esta opinión mía en la vida real? ¿Qué es, precisamente, lo que estoy tratando de demostrar? ¿Cómo sucedió exactamente?"

Preguntas de esta naturaleza traerán consigo respuestas que le otorgarán capacidad adicional, la capacidad que hace que el público preste atención y se interese. Se dice que Luther Burbank, el mago de la botánica, obtenía un millón de ejemplares vegetales hasta encontrar uno o dos realmente extraordinarios. Sucede lo mismo con un discurso. Reúna cien pensamientos sobre su tema, luego descarte noventa.

"Siempre procuré obtener diez veces más información que la que necesito; en ocasiones, cien", decía John Günther, no hace mucho tiempo. El autor de los famosos libros

"Inside" se refería al modo en que se preparaba para escribir un libro o dar una conferencia.

En determinada ocasión, los hechos subrayaron sus palabras. En el año 1956, trabajaba en una serie de artículos sobre hospitales para enfermos mentales. Visitó instituciones, habló con supervisores, asistentes y enfermos. Una persona de mi amistad que lo acompañaba para ayudarlo un poco en sus investigaciones, me refirió que habían andado juntos innumerables kilómetros, subiendo y bajando escaleras, a lo largo de corredores, edificio tras edificio, día tras día. Günther llenaba libreta tras libreta con sus anotaciones. De vuelta en su despacho, acumulaba informes oficiales y de clínicas privadas, y montones de estadísticas sobre el tema.

"Finalmente —contó mi amigo—, Günther escribió cuatro artículos cortos, lo bastante simples y anecdóticos como para preparar buenos discursos. El papel donde los escribió pesaba unos cuantos gramos. Las libretas atiborradas de notas y todo el resto del material que había utilizado para componer aquellos artículos pesaban seguramente veinte libras".

Günther sabía que estaba trabajando con mineral de oro. Sabía que no podía pasar nada por alto. Con su pericia para esta clase de cosas, puso en la tarea toda su inteligencia, y extrajo por fin las pepitas del metal precioso.

Un cirujano amigo me decía: "Puedo enseñarle en diez minutos cómo extraer un apéndice. Pero me llevaría cuatro años explicarle lo que debe hacer si algo no marcha bien". Lo mismo sucede con un discurso: Prepárese siempre de tal modo que pueda hacer frente a cualquier emergencia, tal como un cambio de tono debido a una observación previa de otro orador, o a una pregunta aguda de algún miembro del auditorio en el período de debate que siga a su exposición.

También usted puede adquirir capacidad adicional mediante la selección de su tema realizada tan pronto como sea posible. No la dilate hasta la víspera del día en que tenga que hablar. Si usted decide con anticipación el tema de su discurso gozará de la inestimable ventaja de tener a su inconsciente trabajando para usted. En los raros momentos de la jornada que le deja libres su propio trabajo puede investigar en el tema, afinar las ideas que pretenda transmitir a su auditorio. El tiempo que usted gasta, por lo general en fantasías, mientras se dirige hacia su casa, mientras espera un ómnibus o viaja en el subterráneo, puede ser dedicado a desmenuzar el tema de su disertación. Durante este período de incubación es cuando surgirán las más brillantes ideas, precisamente porque usted ha decidido su tema con anterioridad y la parte inconsciente de su mente trabaja sobre él.

Norman Thomas, el extraordinario orador que ha logrado la respetuosa atención de auditorios completamente opuestos a sus opiniones políticas, dice lo siguiente: "Para que un discurso posea verdadera importancia, el orador debe vivir el tema o el mensaje, dándole vueltas en su mente una y otra vez. Le sorprenderá ver cuántas ilustraciones útiles o medios diferentes de exponer el tema surgirán mientras camina por la calle, o lee un diario, se prepara para ir a dormir o se levanta por la mañana. Un lenguaje mediocre, por lo general, no es otra cosa que el inevitable y natural reflejo de un pensamiento mediocre, y la consecuencia de la falta de contacto con el asunto que nos ocupa".

Mientras uno está envuelto en este proceso siente la fuerte tentación de redactar el discurso, palabra por palabra. Trate de no hacerlo, pues una vez que haya escrito un ejemplo, probablemente quedará satisfecho con él y dejará de enriquecerlo con nuevos pensamientos. Además, existe el peligro de aprender de memoria el texto. Mark Twain se ha referido a esto: "Los escritos no sirven para un discurso, su forma es literaria, son rígidos, inflexibles, incompatibles con la expresión oral. Cuando el propósito consiste meramente en entretener, no en instruir, los conceptos deben hacerse flexibles, separarse, adquirir una forma familiar; deben exponerse a la manera de una charla corriente y no premeditada; de otro modo aburrirán a todo el mundo, no lograrán entretener a nadie".

Charles E Kettering, cuyo genio inventivo aceleró el crecimiento de la General Motors, fue uno de los oradores más vehementes y renombrados de los Estados Unidos. Cuando le preguntaron si alguna vez redactaba parte de sus discursos, respondió: "Lo que yo tengo que expresar, según creo, es demasiado importante para escribirlo sobre un papel. Prefiero grabarlo en la mente de mi auditorio, hacerle penetrar en el mundo de sus emociones, con cada porción de mi ser. Un trozo de papel no puede interponerse entre yo y aquellos con los que quiero comunicarme".

TERCERO: LLENE SU DISCURSO CON ILUSTRACIONES Y EJEMPLOS

Uno de los capítulos de El arte de una escritura legible, de Rudolf Flesch, comienza con esta frase: "Solamente la lectura de narraciones anecdóticas nos otorga placer". Muestra luego cómo este principio es utilizado por Time y Selecciones. Casi todos los artículos de estas dos revistas de gran circulación consisten en simples narraciones o bien están colmados de anécdotas. El poder que posee un relato de tipo anecdótico para atraer la atención no es menos apreciable en un discurso que en los artículos de una revista.

Norman Vincent Peale, cuyos sermones han sido escuchados por millones de personas en radio y televisión, dice que su método favorito de estructurar el material para una charla consiste en elaborarlo sobre la base de ilustraciones y ejemplos. Manifestó una vez a un cronista de la Publicación trimestral de oratorio que "un ejemplo convincente es el método más refinado que conozco para hacer que una idea sea clara, interesante y persuasiva. Por lo general, utilizo varios ejemplos para apoyar los puntos más importantes".

Los lectores de mis libros advierten muy pronto el uso que yo hago de la anécdota como medio para desarrollar los puntos principales de lo que quiero transmitir. Las reglas de Cómo ganar amigos e influir sobre las personas pueden ser resumidas en una página y media. Las otras doscientas treinta páginas del libro están colmadas de relatos y ejemplos que demuestran cómo otros usaron tales reglas con feliz resultado.

¿Cómo podremos adquirir esta técnica fundamental que consiste en utilizar el material ilustrativo? Existen cinco medios para conseguirlo: Humanizar, Personalizar, Especificar, Dramatizar y Visualizar.

Humanice su discurso

Solicité cierta vez a un grupo de personas de negocios norteamericanos en París, que hablaran sobre el tema: "Cómo alcanzar el éxito". La mayoría de ellos se limitó a la mera exposición de una lista de cualidades abstractas y a predicar sobre los valores del trabajo intenso, la constancia y la ambición.

Entonces los detuve, y les dije algo así: "No queremos ninguna clase de lección. Nadie goza con ello. Recuerden, deben entretener; de lo contrario nadie prestará atención a lo que estén diciendo. Recuerden también que una de las cosas que despiertan mayor interés son las habladurías, la sublimación de los chismes. Relaten, por lo tanto, las historias de dos hombres que ustedes hayan conocido. Expliquen por qué uno de ellos tuvo éxito y por qué el otro fracasó. Los escucharemos gustosamente, recuérdenlo, y es muy posible que obtengamos algún provecho".

Uno de los miembros de este curso, invariablemente, encontraba dificultades para interesarse él mismo, o interesar al auditorio. Aquella noche, sin embargo, comprendió la sugestión del interés humano y nos habló de dos de sus compañeros de colegio. Uno de ellos era tan conservador que había comprado camisas en diferentes tiendas de la ciudad y había confeccionado gráficos que mostraban cuáles podían lavarse mejor, cuáles eran más duraderas, y cuáles rendían más por cada dólar invertido. Su pensamiento estaba siempre en los centavos; sin embargo, cuando se graduó —en la facultad de ingeniería— tenía una opinión tan elevada de su propia importancia que no se decidía a comenzar por abajo y trabajar en función de su progreso como estaban haciendo los otros graduados. Cuando se celebró la tercera reunión anual de su clase, aún estaba haciendo gráficos sobre el lavado de sus camisas y esperando algo extraordinario que le permitiera encontrar su camino. Nunca sobrevino el suceso esperado. Un cuarto de siglo ha pasado desde entonces y este hombre, hastiado y amargado de la vida, aún permanece en una posición inferior.

El orador, en contraste con este fracaso, refirió entonces la historia de otro de sus condiscípulos que había superado todas las esperanzas. Era un muchacho muy simpático. A todo el mundo le agradaba. Ambicionaba llegar a realizar grandes cosas, se inició como dibujante. Pero siempre estaba al acecho de la primera oportunidad. Se estaba proyectando por aquel entonces la Feria Mundial de Nueva York. El joven sabía que allí harían falta ingenieros de talento. Fue así como renunció a su puesto en Filadelfia y se trasladó a Nueva York. Allí formó una empresa y se dedicó inmediatamente a los negocios por contrato. Realizó importantes trabajos para la compañía de teléfonos y finalmente fue contratado por dicha empresa con un sueldo extraordinario.

Sólo he trazado aquí, en líneas generales, lo que expuso el orador. Hizo su charla de tono interesante e ilustrativo, acumulando detalles de interés, entretenidos y humanos. Habló sin interrupción —este hombre que por lo general no podía encontrar material para hablar más de tres minutos—, y se sorprendió al terminar cuando advirtió que entonces había ocupado la tribuna durante diez minutos.

La charla había sido tan interesante que a todos nos pareció corta. Fue su primer triunfo verdadero.

Casi todos podrían sacar provecho de este incidente. El discurso medio despertaría mucho mayor interés si estuviera enriquecido con relatos personales. El orador debe tratar de exponer sólo unos cuantos puntos e ilustrarlos con referencias de casos concretos. Semejante método de elaborar un discurso difícilmente puede fallar en su propósito de captar la atención y mantener el interés.

Por supuesto, la más rica fuente de donde surge ese interesante material humano se halla en nosotros mismos. No tenga miedo de hablarnos de sus experiencias pensando que no debe referirse a sí mismo. La única ocasión en que el auditorio se resiste a escuchar a alguien que habla de sí mismo es cuando dicha persona lo hace de un modo ofensivo y egoísta. No siendo así, el público siempre siente gran interés por escuchar las historias personales de los oradores. Constituyen el medio más seguro de sostener la atención; nunca las deseche completamente.

Personalice su discurso utilizando nombres

Por todos los medios, cuando relate anécdotas referidas a otros, utilice sus nombres, o si no quiere descubrir su identidad, use nombres ficticios. Aun los nombres impersonales como el "señor Pérez" o "Juan Gómez" son mucho más descriptivos que "este hombre" o "una persona". El rótulo identifica e individualiza. Así decía Rudolf Flesch: "Nada confiere a un relato mayor realismo que los nombres; nada es tan poco realista como lo anónimo. Imagínese una historia cuyo héroe carezca de nombre".

Si su discurso está colmado de nombres y apellidos, puede estar seguro de obtener un alto grado de atención, pues sus palabras poseerán el inapreciable complemento del interés humano.

Sea específico; llene su discurso de detalles

Usted podría responder a esta indicación: "Todo esto está muy bien, pero, ¿cómo puedo estar seguro de que conseguiré bastantes detalles para mi discurso?" Hay una fórmula para comprobarlo. Es la fórmula de las cinco interrogaciones que todo cronista utiliza cuando redacta una noticia: ¿cuándo? ¿dónde? ¿quién? ¿qué? y ¿por qué? Si usted aplica esta fórmula, sus ejemplos tendrán vida y color. Permítame que lo ilustre con una anécdota personal, que fue publicada por Selecciones del Reader's Digest:

"Cuando terminé mis estudios, pasé dos años viajando por Dakota del Sur, trabajando como vendedor para Armour and Company. Me trasladaba por mi zona en trenes de carga. Cierto día tuve que permanecer en Redfield, S. D., durante dos horas, esperando un tren que se dirigiera al sur. Como Redfield estaba fuera de mi zona no podía utilizar mi tiempo libre para efectuar ventas. Durante un año había estado en Nueva York estudiando en la Academia Norteamericana de Arte Dramático, así que decidí usar esas horas libres para practicar oratoria. Mientras caminaba junto a las vías del tren, comencé a ensayar una escena de Macbeth. Extendiendo los brazos, exclamé dramáticamente: '¿Es una daga lo que veo delante de mí, con el puño hacia mi mano? Ven, deja que te empuñe: no te tengo y, sin embargo, te veo todavía'.

"Me hallaba sumergido aún en la escena cuando cuatro policías me salieron al paso y me preguntaron por qué estaba aterrorizando a las mujeres. No me habría quedado más atónito si me hubieran acusado de asaltar un tren. Me informaron que una señora me había estado observando desde su cocina, a unos cien metros de allí y que, según ella, nunca había visto cosa semejante. Llamó a los policías y, cuando éstos se acercaron, me oyeron hablar de aquellas dagas.

"Les dije que estaba ensayando Shakespeare, pero tuve que mostrarles mi libro de pedidos de Armour and Company antes de que me dejaran marchar".

Observe cómo esta anécdota responde a las cinco interrogaciones de la fórmula expuesta anteriormente.

Por supuesto, es peor exponer demasiados detalles que ninguno. Todos nos hemos aburrido alguna vez escuchando relatos atiborrados de detalles superficiales y carentes de importancia. Fíjese cómo en el incidente que casi determinó mi arresto en una ciudad de Dakota del Sur hay una breve y concisa respuesta a cada una de las cinco preguntas. Si usted llena su discurso con un exceso de detalles, su auditorio pondrá una mala clasificación a sus observaciones rehusándole su atención. No existe clasificación más severa que la falta de atención.

Dramatice su discurso mediante el uso del diálogo

Supóngase que usted pretende explicar cómo consiguió aplacar a un comprador irritado utilizando algún principio de relaciones humanas. Puede comenzar así:

"Días pasados un hombre se presentó en mi despacho. Estaba muy irritado porque la máquina que le habíamos enviado la semana anterior no funcionaba bien. Le dije que haríamos todo lo posible para remediar la situación. Unos momentos después se calmó y pareció satisfecho de que nos halláramos dispuestos a hacer las cosas como era debido". Esta anécdota posee una virtud —especifica claramente el hecho— pero carece de nombres propios, de detalles, y, sobre todo, del diálogo que daría vida a este incidente. He aquí la misma anécdota provista de tales cualidades:

"El martes pasado, golpearon a la puerta de mi despacho y levanté la vista para encontrarme con la irritada expresión de Charles Blexam, uno de mis clientes habituales. No tuve tiempo de pedirle que tomara asiento.

"—Ed, esto es lo último —me dijo—. Puedes mandar a buscar esa máquina de lavar y que se la lleven de mi casa.

"Le pregunté qué sucedía. Se apresuró a contestarme.

"—¡No funciona! —gritó—. ¡La ropa sale toda enredada y mi mujer ya está cansada!

"Le pedí que se sentara y me diera todos los detalles.

"—No tengo tiempo de sentarme. Se me hace tarde para ir al trabajo y no quisiera haber venido nunca aquí a comprar ese aparato, créeme. No lo haré nunca más. —Golpeó con el puño el escritorio haciendo caer el retrato de mi esposa.

"—Mira, Charles —le dije—, si quieres sentarte y explicarme lo que sucede, te prometo que haré todo lo que creas necesario. —Entonces se sentó y hablamos tranquilamente del asunto."

No siempre le será posible introducir el diálogo en su charla, pero puede verse cómo la referencia directa a la conversación contribuye a dramatizar el incidente en el texto anterior. Si el orador posee alguna facultad para la imitación, y puede lograr el tono de voz original al pronunciar las palabras, el diálogo puede llegar a ser más efectivo. Por otra parte, el diálogo otorga al discurso el timbre auténtico de la conversación cotidiana. Da la impresión de que uno está charlando en una reunión de sobremesa, no como un pedante que transmite el contenido de un artículo en una reunión de sociedad o un locutor que declama ante un micrófono.

Visualice, demostrando el tema de su charla

Los psicólogos nos dicen que más del ochenta y cinco por ciento de nuestros conocimientos los adquirimos mediante impresiones visuales. Esto explica sin ninguna duda la gran efectividad de la televisión como medio de propaganda y entretenimiento. Hablar en público también es un arte tan visual como auditivo.

Uno de los mejores medios de enriquecer un discurso es incorporar al mismo demostraciones visuales. Usted podría pasarse horas tratando de decirme con palabras cómo se maneja un palo de golf y yo podría aburrirme soberanamente. Pero levántese y muéstreme lo que hace para llevar una pelota hasta el hoyo y seré todo ojos y oídos. Del mismo modo, si usted describe las desesperadas maniobras de un avión con sus brazos y sus hombros, estaré mucho más atento al resultado de su lucha con la muerte.

Recuerdo una charla pronunciada en una clase industrial que fue una obra maestra de visualidad. El orador bromeaba sobre los inspectores y técnicos en eficiencia. El parecido de los gestos y los movimientos del cuerpo con los de estos caballeros mientras inspeccionaban una máquina trituradora, era más cómico que cuanto yo haya visto por televisión. Los detalles visuales hicieron además que aquella charla fuera memorable. Yo, por lo menos, no la olvidaré nunca, y estoy seguro de que los otros miembros de la clase aún estarán hablando de ella.

Es una buena idea que usted se pregunte "¿Cómo puedo procurar visualidad a mi discurso?". Luego póngalo en práctica, pues, como decían los antiguos chinos, un cuadro vale más que diez mil palabras.

CUARTO: USE TÉRMINOS FAMILIARES Y CONCISOS QUE CREEN IMÁGENES

En el proceso de atraer y mantener la atención, que constituye la primera finalidad de todo orador, existe una técnica de la mayor importancia. Sin embargo, no por ello es menos ignorada. El promedio general de los oradores parece ignorar su existencia. Probablemente nunca pensaron en ella conscientemente. Me refiero al proceso de utilizar palabras que produzcan imágenes. El orador a quien nos resulta fácil escuchar es aquel que pone imágenes ante nuestra vista. El que emplea símbolos confusos, faltos de colorido, lugares comunes, es el que hace dormir a los auditorios.

Imágenes, Imágenes, Imágenes. Tan libres como el aire que respiramos. Rocíe con ellas su discurso, sus conversaciones; será mucho más entretenido, gozará de mayor influencia.

Herbert Spencer, en su famoso ensayo *Filosofía del estilo*, mostró hace ya mucho tiempo la superioridad de los términos que crean imágenes brillantes:

"No pensamos en términos generales sino particulares... Deberíamos evitar siempre una frase como ésta:

" 'En la misma medida en que los usos y costumbres y diversiones de un pueblo sean crueles y bárbaros, serán severas las reglamentaciones de su código penal'.

"Y en su lugar, deberíamos escribir:

" 'En la misma medida en que los hombres gozan con las batallas, las corridas de toros y los combates de gladiadores, castigarán los crímenes con la horca, la hoguera y el tormento' ".

Frases plenas de imágenes surcan las páginas de la Biblia y de las obras de Shakespeare, como abejas en torno de la miel. Un escritor vulgar, por ejemplo, habría expresado que algo que tratara de perfeccionar lo perfecto sería "superfluo". ¿Cómo expresó Shakespeare el mismo pensamiento? Con una vívida frase inmortal: "Dorar al oro, pintar al lirio, perfumar a la violeta".

¿Ha reparado usted alguna vez en que los proverbios que han pasado de generación en generación son casi todos expresiones visuales?

"Más vale pájaro en mano que cien volando". "A caballo comedor, cabestro corto". "Agua que no has de beber, déjala correr". Y se hallarán los mismos elementos pictóricos en casi todos los símiles que ya tienen siglos y han envejecido con el uso: "Astuto como un zorro", "Duro como una roca".

Lincoln utilizaba continuamente terminología visual. Cuando se aburría de ver llegar extensos y complicados expedientes a su despacho de la Casa Blanca, los rechazaba, no con una descolorida fraseología, sino con una pintoresca expresión que es imposible olvidar: "Cuando envío a alguien a comprar un caballo, no quiero que me diga cuántas crines tiene en la cola; sólo me interesan sus características esenciales".

Defina y especifique sus observaciones. Dibuje cuadros mentales que se distingan con tanta claridad y precisión como las astas de un venado contra el sol poniente. Por ejemplo, la palabra "perro" evoca una imagen más o menos definida de tal animal: quizás un sabueso, un perdiguero, un San Bernardo o un Pomerania. Observe cuánto más clara se presenta la imagen en su mente cuando el orador dice un "dogo": el término tiene menor extensión. "Un dogo atigrado" ¿no evoca una imagen mucho más clara aún? ¿No tiene más vida "un Shetland negro", que simplemente "un caballo"?

¿No ofrece una imagen mucho más clara y definida "un gallo blanco de Bantam con una pierna rota" que, meramente "un gallo"?

En Los elementos del estilo, William Strunk, Jr, expresa: "Si en algún punto se hallan de acuerdo los que han estudiado el arte de escribir, es en el siguiente: el medio más seguro de despertar y mantener la atención del lector consiste en expresarse de un modo específico, definido y concreto. La eficiencia de los grandes escritores —Dante, Shakespeare— se debe a que se ocupan de las circunstancias particulares y refieren todos los detalles que vienen al caso. Sus palabras evocan imágenes". Esto es tan cierto en lo que se refiere a hablar, como en lo tocante a escribir.

Hace años dediqué una sesión de mi curso a cierto experimento. Adoptamos la norma de que en cada frase el orador introdujera un hecho o un nombre propio, una imagen o una cita. El resultado fue revolucionario. Los miembros de la clase jugaban a ver quién atrapaba al otro diciendo generalidades: no pasó mucho tiempo antes de que todos estuvieran hablando, no en el nebuloso lenguaje que flota sobre los auditorios, sino en otro claro y vigoroso, el que los hombres emplean en la calle. "Un estilo abstracto —dice Alain, el filósofo francés— siempre es malo. Las frases deben rebosar de piedras, metales, sillas, mesas, animales, hombres y mujeres."

Esto es igualmente válido para la conversación cotidiana. En realidad, todo lo que ha sido dicho en este capítulo sobre el uso de los detalles en el discurso se aplica a la conversación corriente. Es el detalle lo que da brillo a la conversación. Todo aquel que esté resuelto a transformarse en un hábil conversador puede sacar provecho de los consejos que contiene el presente capítulo. También el vendedor descubrirá la magia del detalle cuando lo aplique en la presentación de sus artículos. Los que ocupan cargos ejecutivos, las amas de casa, los maestros, descubrirán el gran beneficio que representa el uso de detalles concretos al dar instrucciones o transmitir cualquier tipo de información.

V

CÓMO VITALIZAR EL DISCURSO

Después de terminada la Primera Guerra Mundial, estuve en Londres trabajando con Lowell Thomas, que daba una serie de brillantes conferencias sobre Allenby y Lawrence de Arabia. Un domingo me paseaba por el Hyde Park hacia la entrada del Arco de Mármol, donde los oradores de todo credo y color, de cualquier idea política o religiosa pueden exponer sus opiniones sin interferencia de la ley. Durante un rato escuché a un católico que explicaba la doctrina de la infalibilidad del Papa, luego me dirigí hacia otro grupo que prestaba atención a las palabras de un socialista que hablaba de Carlos Marx. Me encaminé luego hasta un tercer orador que explicaba por qué era correcto y conveniente para un hombre tener cuatro mujeres. Retrocedí entonces y observé los tres grupos.

¿Podrán creerme? El hombre que hablaba de la poligamia tenía frente a él la menor cantidad de oyentes. No había sino un puñado de personas. Los grupos que rodeaban a los otros dos oradores crecían a cada instante. Me pregunté el porqué. ¿Se debía a la disparidad de los temas? Pienso que no. La explicación, me di cuenta mientras observaba, debía encontrarse precisamente en los propios oradores. El sujeto que hablaba de las ventajas de tener cuatro esposas no parecía estar muy interesado en tenerlas. Pero los otros dos, que sostenían opiniones casi diametralmente opuestas, estaban sumergidos en sus temas. Ponían su vida y su espíritu en lo que estaban diciendo. Sus brazos se movían con gestos apasionados. Sus voces poseían convicción. Irradiaban fervor y confianza en lo que decían.

Vitalidad, energía, entusiasmo, son las primeras cualidades que yo he considerado siempre esenciales para un orador. La gente se agrupa en torno del orador enérgico, como los pavos salvajes alrededor de un campo de trigo.

¿Cómo podrá adquirir usted esta forma vital de expresarse que captará la atención de su auditorio? En las páginas de este capítulo le mostraré los tres recursos extraordinarios que lo ayudarán a poner más entusiasmo y calor en su discurso.

PRIMERO: ELIJA TEMAS POR LOS QUE SE SIENTA CONVENCIDO

En el capítulo III se señaló la importancia de sentirse profundamente compenetrado con el tema. A menos que usted se sienta inclinado emocionalmente hacia el tema que ha elegido para su disertación, no podrá esperar que su auditorio crea en sus palabras. Es obvio que si usted escoge un tema que lo entusiasma en razón de su gran familiaridad con él, tal como una afición o un trabajo recreativo, o que mueve sus sentimientos porque ha reflexionado profundamente sobre él, o que lo concierne en forma personal (como, por ejemplo, la necesidad de mejores escuelas en su comunidad), no tendrá ninguna dificultad en poner calor en sus palabras. El poder persuasivo del sincero entusiasmo nunca lo vi demostrado tan vívidamente como en un discurso pronunciado en una de mis clases en la ciudad de Nueva York hace más de dos décadas. Había escuchado muchos discursos persuasivos, pero éste, al que denomino el caso del césped y las cenizas de nogal, se destaca como una especie de triunfo de la sinceridad sobre el sentido común.

Un destacado vendedor de una de las más conocidas organizaciones de ventas de la ciudad hizo la absurda afirmación de que había sido capaz de obtener césped sin semillas o raíces. De acuerdo con su relato, había esparcido cenizas de nogal sobre un terreno recién arado. De inmediato, el césped había aparecido. El hombre creía firmemente que esas cenizas, y nada más, eran las responsables de la aparición del césped.

Comentando su charla, le señalé cuidadosamente que su extraordinario descubrimiento, en caso de ser cierto, lo haría millonario, pues las semillas de césped valen unos cuantos dólares por bushel. Le dije también que su hallazgo lo convertiría en el más destacado científico de todos los tiempos. Le dije que ningún hombre, vivo o muerto, había sido capaz de lograr el milagro que él afirmaba haber logrado: nadie había conseguido jamás obtener vida de la materia inerte.

Le dije todo eso muy tranquilamente, pues su error me parecía tan evidente, tan absurdo, que no requería ningún énfasis para refutarlo. Cuando terminé de hablar, el resto de los miembros del curso advirtieron lo descabellado de la afirmación; pero él no lo vio, ni por un segundo. Se mantenía firme en su convicción, a toda costa. Se levantó enérgicamente y me dijo que no estaba equivocado. No estaba hablando de teorías, protestó, sino de experiencias personales. Él sabía bien de lo que hablaba. Continuó con su disertación, extendiéndose sobre sus primeras observaciones, agregando información adicional, más pruebas del hecho. El timbre de su voz reflejaba sinceridad y honestidad.

Nuevamente le expresé que no había ni la más remota esperanza de que estuviera en lo cierto, ni siquiera aproximadamente, ni aun a mil kilómetros de la verdad. Bruscamente se puso de pie, y me apostó cinco dólares, diciéndome que el Departamento de Agricultura podría decidir sobre el asunto.

¿Y sabe usted lo que sucedió? Varios miembros de la clase se persuadieron de lo que afirmaba. Muchos otros comenzaron a dudar. Si lo hubiera puesto a votación, estoy seguro de que más de la mitad de los hombres de negocios reunidos allí no habrían estado de acuerdo conmigo. Les pregunté qué los había apartado de su posición original. Uno tras otro me manifestaron que se debía al convencimiento del orador, su fe, la energía de su posición. Había logrado que comenzaran a dudar de la opinión nacida del buen sentido.

Bien, frente a este despliegue de credulidad, tuve que escribir al Departamento de Agricultura. Me avergonzaba, dije, plantear una pregunta tan absurda. Respondieron, como era natural, que era imposible obtener césped o cualquier otra forma de vida de las cenizas de nogal, y añadieron que, procedente de Nueva York, habían recibido otra carta donde les hacían la misma pregunta. Nuestro vendedor estaba tan seguro de su afirmación que había escrito también para confirmar sus teorías.

Este incidente me proporcionó una lección que nunca olvidaré. Si un orador cree en algo firmemente y lo expresa con la necesario convicción, conseguirá adictos a su causa, aunque afirme ser capaz de producir césped mediante polvo y cenizas. ¡Cuánto mayor fuerza poseerán nuestras convicciones si se asientan sobre las bases del sentido común y la verdad!

Casi todos los oradores preguntan si el tema que han elegido será de interés para el auditorio. Sólo existe un medio de cerciorarse de si el público se interesará: avive el fuego de su entusiasmo sobre el asunto y no tendrá ninguna dificultad en sostener el interés de un grupo de personas.

No hace mucho tiempo, en una de nuestras clases, en Baltimore, escuché manifestar a un individuo que si el presente método de pesca del pez roca, en la Bahía de Chesapeake, se mantenía, la especie llegaría a desaparecer. ¡Y en muy pocos años! El orador sentía lo que estaba expresando. Eso era lo más importante. Estaba realmente convencido de ello. Se desprendía de su forma de expresarse, de todas sus palabras. Cuando se puso de pie para hablar, yo no sabía ni por asomo que existiera tal especie en la Bahía de Chesapeake. Creo que a una gran parte del auditorio le sucedía lo mismo y estaba tan poco interesada en el tema como yo. Pero antes que el orador terminara de hablar, probablemente todos nosotros nos hallábamos dispuestos a dirigir una petición al cuerpo legislativo para proteger la especie mediante una ley.

A Richard Washburn Child, ex embajador norteamericano en Italia, se le preguntó cierta vez sobre el secreto de su éxito como escritor. Respondió: "Siento tanto entusiasmo por la vida que no puedo permanecer en silencio. No tengo más remedio que expresárselo a los demás". Nadie puede evitar que lo arrastren las palabras de un escritor o un orador como aquél.

En cierta oportunidad fui a escuchar a un orador en Londres; cuando terminó su discurso, el conocido novelista inglés, E. F. Benson, que integraba la reunión, observó que había gozado más con la última parte de la disertación que con el principio de ésta. Le pregunté la causa y me respondió: "El mismo orador parecía más interesado en la última parte, y siempre son los sentimientos del orador los que confieren entusiasmo e interés a lo que dice".

He aquí otro ejemplo de la importancia que tiene la buena selección de los temas.

Cierto caballero —que llamaremos señor Porras—, había ingresado en uno de nuestros cursos en Washington D. C. En una de las primeras clases procuró efectuar una descripción de la ciudad capital de los Estados Unidos. Había seleccionado los puntos que desarrollaba de un modo superficial y apresurado, entre las páginas de un folleto editado por un periódico local. Así era su lenguaje: árido, disgregado, indigesto. Aunque había vivido en Washington durante muchos años, no presentó un solo motivo personal que explicase por qué le gustaba la ciudad. Se limitó a recitar una serie de hechos confusos, y fue tan penoso para la clase escuchar su charla como lo fue para él mismo pronunciarla.

Dos semanas más tarde, sucedió algo que conmovió mucho al señor Porras: un conductor desconocido le había destrozado su nuevo coche mientras lo tenía estacionado y luego había seguido su camino sin identificarse. Era imposible para el señor Porras recurrir a la compañía de seguros y tuvo que pagar él mismo la cuenta. Se trataba de algo que surgía vívidamente de su propia experiencia. Su charla sobre la ciudad de Washington había sido desarrollada penosamente, frase tras frase, con gran aflicción suya y del público que lo escuchaba; pero cuando se refirió a su coche destrozado, sus palabras emergieron como la lava hirviente del Vesubio en acción. Los mismos alumnos que lo habían escuchado con impaciencia dos semanas antes, acogieron las palabras del señor Porras con una calurosa ovación.

Como he expresado repetidamente, usted no puede dejar de tener éxito si escoge el tema que le conviene. Hay una clase de temas que le asegurará el éxito: ¡sus propias convicciones! Con seguridad, usted posee profundas creencias sobre determinados aspectos de la vida. No es necesario que vaya a buscarlas muy lejos de usted, generalmente yacen en la superficie de la corriente de su pensamiento, pues usted piensa en ellas con frecuencia.

No hace mucho tiempo, fue presentado por televisión un programa sobre la pena capital. Se pidió a numerosos testigos que expresaran sus opiniones sobre los dos aspectos de este problema tan discutido. Uno de ellos era miembro del departamento de policía de la ciudad de Los Ángeles; se trataba de alguien que, evidentemente, había pensado mucho sobre dicho tema. Poseía profundas convicciones afirmadas por el hecho de que once de sus compañeros habían perecido en tiroteos con criminales. Habló con la profunda sinceridad del que cree, en lo más profundo de su ser, en la rectitud de su causa. Los grandes llamamientos, en la historia de la elocuencia, han surgido de las profundas convicciones y sentimientos de algún individuo. La sinceridad descansa sobre la fe. "El corazón posee razones que la razón desconoce." En numerosas clases he tenido oportunidad de verificar la aguda frase de Pascal. Recuerdo a un abogado de Boston que poseía un aspecto admirable y que se expresaba con extraordinaria fluidez; sin embargo, cuando terminaba de hablar, la gente decía: "Qué lengua tan hábil". Dejaba siempre una impresión superficial, porque nunca parecía poseer sentimiento alguno tras la brillante fachada de sus palabras. En la misma clase había un corredor de seguros, de escasa estatura, de aspecto no muy agradable, un hombre que dificultosamente hallaba las palabras; no obstante, cuando hablaba, no podía caber ninguna duda de que sentía realmente lo que expresaba.

Han pasado más de cien años desde que Lincoln fue asesinado en el palco presidencial del Teatro Ford en Washington, pero aún no ha muerto para nosotros la profunda sinceridad que animó su vida y sus palabras. Es evidente que numerosos hombres de su época lo superaron. Carecía de gracia, de pulimento, de brillo. Pero la sinceridad y honestidad de sus arengas, en Gettysburg, Cooper Union, o en la escalinata del Capitolio de Washington, no han sido sobrepasadas en el curso de nuestra historia.

Podría usted decirme, como me dijo un hombre cierta vez, que no posee profundas convicciones o intereses. Siempre me sorprende un poco escuchar algo así, pero le dije a aquel hombre que buscara alguna ocupación, que se interesara en algo. "Por ejemplo, ¿qué?" me preguntó. Desesperado, le dije: "Palomas". "¿Palomas?" inquirió asombrado. "Sí, palomas; salga a la calle y obsérvelas, déles de comer, vaya a la biblioteca y lea algo sobre palomas; después venga y háblenos de ellas". Así lo hizo. A su regreso comenzó a hablarnos de las palomas con todo el fervor de un verdadero aficionado. Cuando intenté detenerlo estaba diciendo algo acerca de cuarenta libros sobre las palomas que había leído por completo. Pronunció una de las charlas más interesantes que yo haya escuchado alguna vez.

He aquí otra sugerencia: lea cada vez más sobre algo que usted considere actualmente un tema de interés. Cuanto más sepa acerca de algún tema, más se entusiasmará con él y mayor será su convicción. Percy Whiting, autor de Las cinco grandes reglas de la venta, dice que los vendedores nunca deben dejar de estudiar el producto que venden. Como dice Whiting: "Cuanto más sepa usted sobre su producto, más se entusiasmará con él". Lo mismo sucede con sus propios temas; cuanto más sepa sobre los mismos, más convencido y entusiasmado se sentirá con ellos.

SEGUNDO: REANIME LOS SENTIMIENTOS
QUE LE DESPIERTA SU TEMA

Supóngase que está refiriendo cómo lo detuvo un policía por pasarse una milla de su límite de velocidad. Puede usted relatarnos el hecho con el frío desinterés de un observador, pero se trata de algo que le sucedió a usted y usted posee ciertos sentimientos que puede expresar en un lenguaje bastante definido. El uso de la tercera persona no produce mayor impresión sobre el auditorio. La gente quiere saber qué sintió usted exactamente cuando el policía le extendió la boleta. Por lo tanto, cuanto más logre que revivan la escena que describe, o las emociones que sintió en esa ocasión, más vívidamente conseguirá expresarse.

Una de las razones por las que vamos al teatro o al cine es porque deseamos percibir emociones. Tanto hemos llegado a temer la manifestación pública de nuestros sentimientos que necesitamos ir al teatro para satisfacer esta necesidad de expresión emocional.

Cuando usted hable en público, sin embargo, transmitirá entusiasmo e interés con sus palabras en proporción al grado de entusiasmo que ponga al pronunciarlas. No reprima sus verdaderos sentimientos; no sepulte su auténtico entusiasmo. Muestre a sus oyentes cuánto anhela hablarles de su tema, y logrará una atención incondicional.

TERCERO: ACTÚE CON SEGURIDAD

Cuando se encamine ante el auditorio para hablar, no lo haga como un hombre que asciende las gradas del patíbulo; diríjase hacia el frente con aire decidido. Su actitud puede ser muy fingida, pero le será sumamente beneficiosa y dará al auditorio la impresión de que usted está ansioso por hablarles. Un momento antes de comenzar, respire profundamente. Mantenga la cabeza erguida, la barbilla firme. Usted va a transmitir a sus oyentes algo de la mayor importancia y debe hacerlo con cada sector de su cuerpo, de un modo claro e inequívoco. Piense en el poder que posee, y, como decía William James, actúe como si lo poseyera. Si se esfuerza en hacer llegar su voz hasta la parte más alejada del salón, el sonido le otorgará seguridad. Una vez que haya comenzado a expresarse físicamente, se sentirá estimulado por sus propios ademanes. El principio de "caldear nuestra actividad" o comúnmente llamado calentamiento, como lo describen Donald y Eleanor Laird, puede ser aplicado a todas las situaciones que demanden seguridad mental. En su libro Técnicas eficientes de memoria, los Laird definen al presidente Theodore Roosevelt como un hombre que "pasó por la vida con tal energía, vigor y entusiasmo que esas virtudes llegaron a ser su sello distintivo. Se sumergía profundamente, o pretendía hacerlo, en todo lo que iniciaba". Roosevelt fue un vivo exponente de la teoría de William James: "Actúe sinceramente y llegará a ser naturalmente sincero en todo lo que realice".

Sobre todo, recuerde: actuar con sinceridad lo hará sentirse sincero.

VI

COMPARTA SU DISCURSO CON EL AUDITORIO

La famosa conferencia de Russell Conwell, "Campos de diamantes", fue pronunciada aproximadamente en seis mil ocasiones. Podría pensarse que un discurso tantas veces repetido quedaría grabado en la mente del orador, que no variarían ni las palabras, ni la entonación. No sucedió así. El doctor Conwell sabía que no todos los auditorios eran idénticos. Se daba cuenta de que cada grupo de gente tendría que sentir las palabras como producto de un pensamiento vivo y personal, como algo creado para ellos y sólo para ellos. ¿Cómo triunfó en su propósito de conservar esta viva relación entre orador, contexto y auditorio en cada conferencia que pronunciaba? Conwell escribió lo siguiente: "Cuando visito una ciudad, trato de llegar lo más temprano posible para ver al encargado de correos, al peluquero, al administrador del hotel, al director del colegio, a algunos de los funcionarios principales; luego me doy una vuelta por las tiendas y charlo con la gente, me entero de su historia. Entonces doy mi conferencia y hablo con esa gente aplicando los temas en relación con su comunidad".

El doctor Conwell tenía plena conciencia de que una exitosa comunicación con los demás depende de la capacidad del orador para hacer que su discurso sea una parte del público y el público, una parte del discurso. Por esta razón no poseemos ningún ejemplar definitivo de "Campos de diamantes", uno de los discursos más populares que se hayan pronunciado alguna vez. Con su claro discernimiento sobre la naturaleza humana y su esmerada habilidad, el doctor Conwell no pronunció dos veces la misma conferencia, aunque habló casi seis mil veces sobre el mismo tema ante diferentes auditorios. Usted puede aprovecharse de este ejemplo asegurándose de que sus discursos estén siempre preparados pensando en un público específico. He aquí cinco sencillas reglas que contribuirán para que usted obtenga un gran poder de comunicación con los sentimientos de sus oyentes.

PRIMERO: HABLE EN TÉRMINOS QUE INTERESEN A SUS OYENTES

Esto es exactamente lo que hizo el doctor Conwell. Una de sus principales inquietudes era que su conferencia estuviera llena de ejemplos y alusiones locales. La causa del interés de sus auditorios residía en que sus discursos se relacionaban con ellos, con sus problemas, con sus intereses. Esta conexión con lo que más interesa a sus oyentes, concretamente ellos mismos, es una garantía de la más segura atención, de que no desaparecerá en ningún momento la comunicación con el público. Eric Johnston, ex director de la Cámara de Comercio de los Estados Unidos y ex presidente de la Motion Picture Association, emplea esta técnica en casi todos los discursos que pronuncia. Note cuán ampliamente se vale del interés local en el comienzo de una alocución en la Universidad de Oklahoma.

Habitantes de Oklahoma, no tienen que buscar muy lejos en el pasado para recordarlos, conocen bien a esos necios mercaderes que trataban de hacer desaparecer a Oklahoma de los mapas como si fuera una aventura sin esperanza.

Sí, en 1930 todas las aves de mal agüero aconsejaban a los cuervos pasar de largo por Oklahoma, a menos que trajeran consigo sus propias raciones.

Condenaron para siempre a Oklahoma a formar parte de un nuevo desierto americano. Nada volvería a florecer, decían.

Pero en 1940, Oklahoma era un jardín florecido y la alegría de Broadway. Pues, una vez más, "ondulaba el trigo cuyo dulce aroma trae consigo el viento después de la lluvia".

En una sola década, la cuenca de polvo estaba cubierta de altísimas espigas.

Era una recompensa de la fe y del riesgo previsto...

Pero siempre podemos apreciar mejor nuestra propia época, contra la pantalla del pasado.

Por eso revisé las columnas del diario Oklahoman la primavera de 1901 antes de mi visita. Quería tener una sensación de la vida en el territorio hace cincuenta años.

¿Y qué descubrí?

Que todos los ojos estaban puestos en el futuro de Oklahoma. Que Oklahoma era ante todo una gran esperanza.

He aquí un excelente ejemplo de cómo debe hablarse en términos que correspondan a los intereses del auditorio. Johnston les hacía sentir que sus palabras no eran una copia mimeografiada, sino algo creado especialmente para ellos. Ningún auditorio puede negar su atención a un orador que se refiere a sus propios intereses.

Pregúntese de qué manera el conocimiento de su tema puede ayudar a sus oyentes a resolver sus problemas y alcanzar sus objetivos. Entonces proceda a demostrarlo, y obtendrá atención sin reservas. Si usted es contador y comienza diciendo algo así: "Voy a explicarles cómo evitar el pago de cincuenta a cien dólares sobre sus impuestos a los réditos", o si es un abogado y muestra a sus oyentes cómo debe redactarse un testamento, obtendrá con seguridad el máximo interés de su auditorio. Seguramente, hay algún tema de su conocimiento que puede constituir una verdadera ayuda para los miembros de su público.

Cuando le preguntaron qué interesaba a la gente, Lord Northcliffe, el destacado periodista o el William Randolph Hearst de la prensa británica, respondió: "Ella misma". Sobre la base de esta sencilla verdad edificó un imperio periodístico.

En su obra, Formando el pensamiento, James Harvey Robinson describe la fantasía como "una forma favorita y espontánea del pensamiento". Dice inmediatamente que en la fantasía permitimos que nuestras ideas sigan su propio curso, y que este curso está determinado por nuestras esperanzas y temores, nuestros deseos espontáneos, su cumplimiento o su frustración; lo determinan nuestras simpatías y antipatías, nuestros afectos, odios y resentimientos. Nada nos interesa tanto como nosotros mismos.

Harold Dwight, de Filadelfia, pronunció un discurso de éxito extraordinario en un banquete con el que se ponía término a uno de nuestros cursos. Se refirió a cada una de las personas que se hallaban sentadas alrededor de la mesa, al modo en que hablaban al comienzo del curso y a cómo habían progresado. Se refirió a los discursos de varios compañeros, a los temas que habían expuesto; imitó a algunos de ellos, exageró sus peculiaridades; todos rieron y gozaron con aquella charla. Con semejante material no era posible fallar. Era el tema ideal. No había otro en el mundo que pudiera haber interesado más. Dwight sabía cómo manejar la naturaleza humana.

Hace varios años, escribí una serie de artículos para la Revista Americana, y tuve la oportunidad de charlar con John Siddall, quien se hallaba entonces a cargo de la oficina que investigaba el interés popular.

Me decía: "La gente es egoísta. Se interesa sobre todo en sí misma. No le preocupa mucho que el gobierno tome posesión de los ferrocarriles, pero quiere saber cómo progresar, cómo obtener mejor salario, cómo conservar la salud. Si fuera director de esta revista, me ocuparía del cuidado de los dientes, de la mejor manera de tomar un baño, de cómo obtener mejor posición, cómo manejar a los empleados, cómo comprar una casa, cómo recordar, cómo evitar los errores gramaticales, y así sucesivamente.

A la gente le interesan las historias que poseen interés humano, así que propondría a varios hombres de fortuna que explicaran cómo es posible ganar un millón de dólares en bienes raíces. Haría que varios banqueros prominentes y presidentes de diversas compañías relataran su ascenso a las cumbres del poder y la riqueza".

Poco después, Siddall se convirtió en director. La revista no tenía por entonces una gran circulación. Siddall hizo justamente lo que había dicho que haría. ¿El resultado? Sorprendente. Las cifras de circulación ascendieron a doscientos, trescientos, cuatrocientos mil ejemplares, medio millón. Se trataba de algo que el público esperaba. Pronto un millón de personas adquirían la revista, luego un millón y medio, finalmente dos millones. Y la cifra no se detuvo allí, sino que siguió creciendo durante muchos años. Siddall había apelado a los más íntimos intereses de sus lectores.

La próxima vez que enfrente a un grupo de personas observe cómo anhelan escuchar lo que usted tiene que decirles, mientras se refiere a ellas. Los oradores que no logran captar ese esencial egocentrismo de sus oyentes se verán pronto frente a un público impacientado, que da muestras de aburrimiento, se fija en la hora, y dirige ansiosas miradas hacia la puerta.

SEGUNDO: DEMUESTRE APRECIO HONRADO Y SINCERO

Los auditorios están compuestos de individuos, que reaccionan como individuos. Critique abiertamente a un auditorio y sus miembros se sentirán ofendidos. Muestre sus simpatías por algo digno de elogio que haya realizado esa gente, y obtendrá un lugar en sus corazones. Esto requiere a menudo una investigación previa por su parte. Frases tan burdas como "Éste es el más inteligente de los auditorios a los que me haya dirigido nunca" son recibidas como insinceras adulaciones por la mayoría de la gente.

Como dice un gran orador, Chauncey M. Depew, "dígales algo acerca de sí mismos que ellos no puedan imaginar que usted conoce". Por ejemplo, un individuo que habló recientemente en el Club Kiwanis de Baltimore no podía hallar ningún hecho extraordinario de la historia del club, excepto que contaba entre sus miembros con un ex presidente internacional y un síndico internacional de la organización. Esto no era nada nuevo para los socios. Así que el orador procuró dar a esos hechos una distinta perspectiva. Comenzó su discurso con esta frase: "¡El club Kiwanis de Baltimore es único entre 101.898!" El público prestó atención. El orador estaba equivocado, sin lugar a dudas, pues no había más que 2.897 clubes Kiwanis en todo el mundo. El orador continuó diciendo:

Sí, aunque ustedes no lo crean, es cierto que su club, matemáticamente al menos, es único entre 101.898. No entre cien mil o entre doscientos mil, sino, exactamente, entre 101.898.

¿Cómo puedo determinarlo? La Internacional Kiwanis tiene únicamente 2.897 clubes miembros. Bueno, el club de Baltimore tiene entre sus componentes a un ex presidente internacional y también a un síndico internacional. Matemáticamente, las probabilidades de que uno de los clubes Kiwanis cuente con un ex presidente y un síndico internacionales al mismo tiempo son de una entre 101.898 y puedo asegurar que mis cálculos son exactos, pues me los ha hecho un doctor en ciencias matemáticas de la Universidad Johns Hopkins.

Sea absolutamente sincero, en un ciento por ciento. Una declaración falta de sinceridad puede engañar ocasionalmente a un individuo, pero jamás a todo un auditorio. "El alto nivel intelectual del público que me escucha..." "Esta excepcional reunión de la belleza y la caballerosidad de Hohokus, Nueva Jersey..." "Me alegra mucho estar aquí pues siento un gran aprecio por cada uno de ustedes". ¡No, no y no! Si no puede demostrar un sincero aprecio, no demuestre ninguno.

Tan pronto como pueda, preferentemente al pronunciar las primeras palabras, indique alguna relación directa con el grupo al cual se está dirigiendo. Si se siente honrado porque le han solicitado su palabra, exprésalo. Cuando Harold Macmillan habló en la ceremonia de graduación en la Universidad de De Pauw, en Greencastle, Indiana, extendió, desde su primera frase, líneas de comunicación con el auditorio.

"Agradezco mucho vuestras amables palabras de bienvenida. Para un primer ministro de Gran Bretaña, ser invitado a vuestra gran Universidad constituye algo desusado. Pero siento que mi actual cargo no es realmente la única razón, ni quizás el motivo más importante de vuestra invitación."

Entonces mencionó que su madre había nacido en Estados Unidos, en Indiana, y que su abuelo había sido uno de los primeros graduados de la Universidad de De Pauw.

"Puedo asegurarles que me siento orgulloso de mi relación con la Universidad de De Pauw —expresó— y de reanudar una antigua tradición familiar".

Podemos estar seguros de que la referencia de Macmillan al colegio y al modo de vida norteamericano, que conocieron su madre y su abuelo materno, le procuraron enseguida numerosos amigos entre los miembros del auditorio.

Otro medio de tender líneas de comunicación consiste en utilizar los nombres de las personas que componen el auditorio. En cierta ocasión me hallaba cerca del principal orador de un banquete y me asombró observar su curiosidad con respecto a varias personas que se encontraban en la sala. Mientras comíamos, preguntaba sin cesar al maestro de ceremonias por la gente que lo rodeaba, quién era ese señor de traje azul, cómo se llamaba esa dama de sombrero floreado. Cuando se puso de pie para hablar, se hizo evidente enseguida cuál era la razón de su curiosidad.

Con gran habilidad introdujo en el discurso cada uno de los nombres aprendidos.

Pude observar el evidente placer que producía en la gente la mención de sus nombres, y también sentí la cálida corriente de simpatía que el orador podía obtener del público utilizando una técnica tan simple.

Obsérvese cómo Frank Pace, hijo, hablando como presidente de la General Dynamics Corporation, sacó provecho de unos pocos nombres conocidos. Hablaba en una comida anual de Religión en la Vida Norteamericana, en la ciudad de Nueva York.

"Esta velada ha sido para mí deliciosa y llena de significado en muchos sentidos. En primer lugar se halla aquí el Reverendo Robert Appleyard, mi propio párroco. Sus palabras, sus actos y su dirección nos han inspirado, a mí, a mi familia, a toda nuestra congregación... Además, encontrarme entre Lewis Strauss y Bob Stevens, hombres cuyo interés en la religión se ha visto incrementado por su interés en el servicio público... es también una fuente de placer personal..."

Una advertencia: si usted va a utilizar nombres desconocidos en su discurso, nombres que ha averiguado para la ocasión, asegúrese de que los conoce con la mayor exactitud; asegúrese de que conoce ampliamente las razones por las que va a utilizar dichos nombres; asegúrese de que va a mencionar a esas personas en forma elogiosa; y úselos con moderación.

Otro método de demostrar al auditorio la más extremada simpatía consiste en utilizar el pronombre "ustedes", en lugar de la tercera persona "ellos". De tal manera conseguirá que el público sienta que comparte el discurso, lo cual, como he señalado anteriormente, no puede ser descuidado por el orador que pretende sostener el interés y la atención de sus oyentes. He aquí algunos textos de una charla sobre el ácido sulfúrico que pronunció uno de nuestros alumnos en una clase de Nueva York:

El ácido sulfúrico está conectado con su vida en diferentes maneras. Si no fuera por el ácido sulfúrico, su coche se detendría, pues es un ácido que se utiliza extensamente en la refinación del querosén y de la nafta. Las lámparas eléctricas que iluminan su hogar y su oficina no podrían existir sin él.

Cuando usted vierte el agua para bañarse, hace girar una canilla niquelada, que requiere ácido sulfúrico en su fabricación. El jabón que usted usa ha sido elaborado con grasas y aceites tratados previamente con el ácido. Las cerdas de su cepillo para el cabello y su mismo peine de celuloide no podrían haber sido fabricados sin él. Su navaja, sin duda alguna, ha sido sumergida en ácido sulfúrico antes de templarla.

Usted se dispone a desayunar; las tazas, los platos de loza, no podrían encontrarse allí sin la intervención previa del ácido sulfúrico. Sus cubiertos, si tienen algún baño de plata, han sido sumergidos en ácido sulfúrico. Y así sucesivamente, en todo el curso de la jornada, el ácido sulfúrico tiene algo que ver con su vida, a cada paso. Dondequiera que vaya no podrá liberarse de su influencia.

Mediante el hábil uso del "usted" y la inclusión de los oyentes en el cuadro que ofrecía, este orador pudo mantener la más viva atención de su público. Hay ocasiones, sin embargo, en que el pronombre "usted" es peligroso, en que puede establecer una grieta en lugar de un puente entre el orador y el auditorio. Esto sucede cuando podría parecer que hablamos desde una posición superior o estamos enseñando alguna lección a nuestro público. Entonces es mejor decir "nosotros" en lugar de "ustedes".

El doctor W. W. Bauer, director del Departamento de Educación Sanitaria en la Asociación Médica Norteamericana, utiliza a menudo esta técnica en sus discursos por radio y televisión. "Todos nosotros estamos interesados en la elección de un buen médico, ¿no es cierto? —expresaba en una de sus charlas—. Y si queremos obtener los mejores servicios de nuestro médico, ¿no querremos saber cómo podemos ser buenos pacientes?"

CUARTO: HAGA PARTICIPAR AL PÚBLICO
EN SU DISCURSO

¿Nunca se le ocurrió que podría mantener al auditorio pendiente de cada una de sus palabras mediante un poco de espectáculo?

En el momento en que usted escoge a algún miembro del público para ayudarlo a demostrar alguno de sus puntos o a dramatizar una idea, será recompensado por un considerable incremento de la atención. Conscientes de sí mismos como auditorio, quienes lo componen muestran gran interés en lo que sucede cuando alguno de ellos es llevado a escena por el orador. Si, como dicen muchos oradores, hay una pared entre el hombre de la tribuna y la gente que se halla fuera de ella, la participación del auditorio en el discurso derrumbará ese muro. Recuerdo a un orador que explicaba la distancia recorrida por su coche después de aplicar los frenos. Pidió a uno de sus oyentes de la primera fila que lo ayudara a demostrar cómo variaba la distancia según la velocidad del vehículo. El hombre se puso de pie y tomó el extremo de una cinta metálica, la arrastró luego trece metros a lo largo del pasillo y se detuvo a una señal del orador. Mientras observaba no pude dejar de advertir cómo todo el auditorio quedaba incluido en el discurso. Pensé que la cinta métrica, además de constituir una ilustración gráfica de lo expuesto por el orador, era ciertamente una línea de comunicación entre él y su auditorio. Sin ese toque de espectáculo, el público podría haber estado pensando acaso en lo que iba a cenar o en los programas de televisión de la noche.

Uno de mis métodos favoritos de conseguir la participación del auditorio consiste en hacer preguntas y recibir respuestas. Me gusta ver a la gente de pie, repitiendo una frase después de mí, o levantando la mano para responder a mis preguntas. Percy H. Whiting, cuyo libro How to put humour in your speaking and writing contiene algunas valiosas advertencias sobre el problema de la participación del público, sugiere que se proponga a los oyentes votar sobre algo, o se les solicite su ayuda para resolver algún problema. "Adopte la correcta actitud mental —dice Mr. Whiting—, una actitud que denote que un discurso no es una declamación, que está destinado a obtener una reacción del auditorio, a hacer que el público participe en la empresa". Ésta es la clave de todo este capítulo. Si usted hace participar al auditorio, otorga a sus oyentes el derecho de asociarse a su empresa.

QUINTO: DEMUESTRE HUMILDAD

Por supuesto, nada es más importante que la sinceridad en esta relación orador-auditorio. Norman Vincent Peale dio cierta vez un consejo muy provechoso a un sacerdote que hallaba grandes dificultades para mantener atentos a los fieles en sus sermones. Le preguntó cuáles eran sus sentimientos con respecto a la congregación a la que se dirigía cada domingo por la mañana. ¿Le agradaban sus fieles? ¿Quería ayudarlos? ¿Los consideraba intelectualmente inferiores? Dijo el doctor Peale que nunca subía al púlpito sin experimentar un intenso sentimiento de afecto por los hombres y mujeres a los que iba a dirigirse. Un auditorio advierte rápidamente en qué medida un orador se considera superior en talento o posición social. Verdaderamente, uno de los mejores medios para que un orador conquiste el aprecio de su auditorio consiste en descender hasta él.

Edmund S. Muskie, que llegó a ser senador por Maine, dio pruebas de ello al hablar en la Sociedad Forense Norteamericana, en la ciudad de Boston.

"Muchas dudas se me presentan hoy al acercarse el momento de cumplir con mis funciones. En primer lugar, conozco muy bien el elevado nivel profesional de este auditorio, y no sé cómo exponer a vuestra crítica mis pobres conocimientos. En segundo término, es ésta una hora muy temprana para una reunión, una hora del día en que es casi imposible para un hombre ponerse en guardia convenientemente; y fallar en esto puede ser fatal para un político. Por último, está mi tema: la influencia que ha tenido la controversia en mi carrera de servidor público. Mientras desarrolle mi actividad política, lo probable es que haya una profunda división de opiniones entre mis electores sobre si esta influencia ha sido buena o mala.

"Frente a estos hechos, me siento como un mosquito que, inesperadamente, se encuentra en una colonia nudista. No sé por dónde comenzar."

Desde allí, el senador Muskie pasó a desarrollar una magnífica disertación.

Adlai E. Stevenson se puso a la altura de su público al iniciar un discurso de comienzo de curso en la Universidad de Michigan. Dijo así:

"Mi sensación de incapacidad en ocasiones como ésta trae a mi memoria la observación de Samuel Butler, cuando una vez le pidieron que dijera cómo obtener el máximo provecho de la vida. Creo que respondió así: 'Ni siquiera sé cómo obtener el máximo provecho de los próximos quince minutos'. Y lo mismo me pasa a mí con respecto a los próximos veinte minutos".

El camino más seguro para tener al público en contra consiste en indicarle que uno se considera superior a él. Cuando usted habla, es como si estuviera en una vitrina; está a la vista cada faceta de su personalidad. La más ligera insinuación de petulancia es fatal. Por el contrario, la modestia inspira confianza y buena voluntad. Se puede ser modesto sin llegar al extremo. A su público le agradará que usted se refiera a sus limitaciones mientras demuestre que está dispuesto a hacer las cosas lo mejor posible.

El mundo de la televisión norteamericana es un mundo de grandes exigencias, y cada temporada, programas altamente calificados caen bajo el fuego de la competencia. Ed Sullivan fue uno de los sobrevivientes que regresaba año tras año; no fue un profesional de la televisión, sino un periodista. Fue un aficionado a esta feroz competencia y permaneció como tal, porque no pretendió ser otra cosa que un aficionado. Algunos de sus ademanes ante la cámara hubieran sido fatales para otros. Hundía el mentón entre las manos, inclinaba los hombros, tiraba su corbata, tropezaba con las palabras. Pero estas fallas no fueron fatales para Ed Sullivan. No se ofendió porque la gente lo criticaba. Al menos una vez por temporada contrataba los servicios de un talentoso cómico que lo caricaturizaba a la perfección, exagerando todas sus faltas. Ed Sullivan reía tanto como cualquier otro cuando el actor presentaba este espejo de cuerpo entero. Aceptaba encantado la crítica, y el público lo aprecia por ello. El público aprecia la humildad. Y se siente molesto con el exhibicionismo y la presunción.

Henry y Dana Lee Thomas, en su libro Biografías reales de líderes religiosos, dicen de Confucio: "Nunca trató de deslumbrar a la gente con sus conocimientos. Trataba simplemente de ilustrarla con el aporte de su incluyente simpatía". Si nosotros aportamos también esta incluyente simpatía, poseeremos la llave que abre la puerta del corazón de los oyentes.

DISCURSO, ORADOR Y AUDITORIO

IV. GANAR EL DERECHO A HABLAR

1. Limite su tema.
2. Desarrolle su poder de reserva.
3. Llene su discurso con ilustraciones y ejemplos.
   Humanice su discurso.
   Personalice su discurso utilizando nombres.
   Sea específico; llene su discurso de detalles.
   Dramatice su discurso mediante el uso del diálogo.
   Visualice, demostrando el tema de su charla.
4. Use términos familiares y concisos que creen imágenes.

V. CÓMO VITALIZAR EL DISCURSO

1. Elija temas por los que se sienta convencido.
2. Reanime los sentimientos que le despierta su tema.
3. Actúe con seguridad.

VI. COMPARTA SU DISCURSO CON EL AUDITORIO

1. Hable en términos que interesen a sus oyentes.
2. Demuestre aprecio honrado y sincero.
3. Identifíquese con el auditorio.
4. Haga participar al público en su discurso.
5. Demuestre humildad.

TERCERA PARTE

El propósito de los discursos preparados e improvisados

Un discurso puede ser preparado previamente, o bien improvisado. Expondremos ahora con lujo de detalles las características de los dos métodos.

Tres capítulos están dedicados a los discursos tendientes a persuadir, informar y convencer, preparados con anterioridad.

Un capítulo se refiere al discurso improvisado, que puede ser persuasivo, informativo, o no tener otro fin que entretener según lo exija cada ocasión.

El éxito en el uso de uno u otro método se halla plenamente asegurado cuando el orador ha formulado en su mente, con toda claridad, el propósito general del discurso.

VII

HACER QUE UN CORTO DISCURSO PRODUZCA ACCIÓN

Un famoso obispo inglés, durante la Primera Guerra Mundial, arengó a las tropas en Camp Upton. Se dirigían a las trincheras; sólo un pequeño porcentaje de los soldados poseía una idea aproximada de por qué los enviaban. Lo sé, pues yo se los había preguntado. Sin embargo, el obispo habló a aquellos hombres de la "Amistad Universal", y del "derecho de Servia a un sitio bajo el sol". La mitad de ellos no sabía si Servia era el nombre de un pueblo o de alguna enfermedad. Hubiera sido lo mismo que el obispo hubiese expuesto una erudita disquisición sobre la hipótesis de las nebulosas. Sin embargo, ni un solo soldado había dejado el lugar mientras hablaba; la policía militar guardaba todas las salidas para impedir que huyeran. No deseo menospreciar al obispo. Era un hombre de gran erudición, y ante un grupo de eclesiásticos su palabra hubiera causado, probablemente, una profunda impresión, pero se equivocaba con aquellos soldados. Se equivocaba completamente. ¿Por qué? Evidentemente, no conocía el propósito exacto de su discurso ni la manera de llevarlo a cabo.

¿Qué queremos decir cuando hablamos del propósito de un discurso? Precisamente que todo discurso, independientemente de que el orador lo sepa o no, posee alguno de estos cuatro objetivos fundamentales:

1. Persuadir, u obtener acción.
2. Informar.
3. Impresionar y convencer.
4. Entretener.

Ilustraremos estos puntos mediante una serie de ejemplos concretos de la carrera oratoria de Abraham Lincoln.

Pocos saben que Lincoln patentó cierta vez un invento para liberar a las embarcaciones encalladas en bancos de arena y obstaculizadas por otras razones. Confeccionó un modelo de su aparato en un taller mecánico cercano a su despacho de abogado. Cuando sus amigos iban a ver el modelo, no le costaba ningún trabajo explicar su funcionamiento. El propósito principal de aquellas explicaciones era el de informar.

Cuando pronunció su inmortal oración de Gettysburg o sus dos alocuciones al hacerse cargo del poder, cuando murió Henry Clay y Lincoln pronunció aquellas palabras de elogio sobre su vida, en todas esas ocasiones, el propósito principal de Lincoln era impresionar y convencer.

En sus discursos ante los jurados, trataba de obtener decisiones favorables. En sus discursos políticos, trataba de obtener votos. Su propósito, por consiguiente, se dirigía a la acción.

Dos años antes de ser elegido presidente, Lincoln preparó una conferencia sobre invenciones. Su propósito era entretener. Al menos, ése había sido su objetivo, pero no tuvo mucho éxito en este sentido. En realidad, su carrera como conferenciante popular fue poco feliz. En cierta ciudad, nadie fue a escuchar su conferencia.

Pero tuvo un éxito extraordinario en sus otras disertaciones; algunas han llegado a ser ejemplos clásicos de expresividad. ¿Por qué? En gran parte, porque en dichos ejemplos conocía perfectamente su objetivo, y sabía cómo llevarlo a cabo.

Muchos oradores no logran coordinar su propósito con el de las personas que concurren a escucharlo. Se equivocan y se afligen profundamente.

Por ejemplo: Cierta vez un miembro del Congreso de los Estados Unidos fue abucheado, siseado, obligado a abandonar el Antiguo Hipódromo de Nueva York, porque había pretendido pronunciar un discurso informativo, sin duda inconscientemente, pero, no obstante, con gran imprudencia de su parte. La gente no quería informaciones, quería que la entretuvieran. Lo escucharon con paciencia y educación durante diez minutos, un cuarto de hora, esperando que el acto tocara pronto a su fin. Pero no fue así. El orador continuó divagando; la paciencia del público se agotó, no podían aguantar más. Alguien comenzó a aplaudir irónicamente. Otros lo imitaron de modo inmediato. En pocos segundos, un millar de personas silbaban y gritaban. El orador, un poco lerdo e incapaz de advertir la naturaleza de su auditorio, tuvo la mala idea de continuar. Aquello los encendió. Se avecinaba una batalla. La impaciencia del público se elevó al nivel de la ira. Se propusieron hacerlo callar. Cada vez con mayor intensidad crecían sus protestas como si se avecinara una tormenta. Finalmente, el rugido de la multitud, las manifestaciones de su cólera, ahogaron las palabras del orador. No podría haber sido escuchado desde seis metros de distancia. Se vio entonces obligado a ceder, reconocer su derrota, y retirarse lleno de humillación.

Aproveche este ejemplo. Adapte el propósito de su discurso al auditorio y a la ocasión. Si el legislador hubiera determinado previamente si su objetivo de informar al auditorio coincidía con el objetivo del auditorio al acudir a la reunión política, no se habría encontrado, probablemente, con aquel desastre. Seleccione uno de los cuatro propósitos sólo después de que haya analizado al auditorio y la oportunidad correspondiente.

Para guiarlo en el importante problema de la construcción del discurso, este capítulo está dedicado enteramente al estudio de la concisión de aquél. Los tres capítulos siguientes serán dedicados a los otros tres propósitos fundamentales: informar, impresionar y convencer, y entretener. Cada propósito requiere un sistema diferente de organización, cada uno posee sus obstáculos peculiares que deben ser vencidos. Antes que nada, descendamos a los detalles prácticos de organizar nuestros discursos para obtener la acción del auditorio.

¿Existe algún método de ordenar nuestro material de modo que obtengamos mayores probabilidades de que el auditorio responda afirmativamente a nuestros estímulos?

¿O bien no hay una táctica adecuada y el éxito depende de la casualidad?

Recuerdo haber discutido este problema con mis asociados, allá por el año treinta, cuando mis cursos comenzaban a extenderse por todo el ámbito del país. A causa del número de nuestros grupos, utilizábamos un límite de dos minutos en las disertaciones pronunciadas por los miembros de la clase. Dicha limitación no afectaba al discurso cuando el propósito del orador era simplemente el de informar o entretener. Pero cuando nos encontrábamos con el discurso tendiente a la acción, las cosas eran diferentes. El discurso dirigido a estimular una acción no salía del comienzo cuando usábamos el antiguo sistema de introducción, cuerpo y conclusión, el sistema estructural seguido por todos los oradores desde Aristóteles. Algo nuevo y distinto era necesario, sin duda alguna, para proveernos de un método absolutamente seguro de obtener resultados en un discurso de dos minutos dirigido a estimular la acción de los oyentes.

Sostuvimos entrevistas en Chicago, Los Ángeles y Nueva York. Recurrimos a todos nuestros instructores, muchos de ellos integrantes de los departamentos de oratoria de algunas de nuestras más famosas universidades. Otros eran individuos que ocupaban puestos clave en el mundo de los negocios. Algunos provenían del floreciente campo de la publicidad y la promoción de ventas. De esta amalgama de mentes y experiencias esperábamos obtener un nuevo método de estructurar el discurso, un método práctico que reflejara la necesidad de nuestra época de un sistema lógico y psicológico para influir en la acción del oyente.

No fuimos defraudados. De aquellas discusiones surgió la Fórmula Mágica para la construcción del discurso. Comenzamos a utilizarla en nuestras clases y siempre la hemos utilizado desde entonces. ¿En qué consiste la Fórmula Mágica? Simplemente en esto: comience su discurso detallándonos su Ejemplo, un incidente que ilustre gráficamente la idea fundamental que usted pretende transmitir. Segundo, en términos específicos, claros y definidos, explíquenos su Objeto, díganos exactamente cómo quiere que actúen sus oyentes y, tercero, dénos su Razón, es decir, aclare las ventajas o beneficios que obtendrán sus oyentes cuando hagan lo que usted les solicita.

Es ésta una fórmula sumamente adecuada a nuestro acelerado modo de vida. Los oradores pueden no poseer el tiempo suficiente para extenderse en largas y pausadas introducciones. Los auditorios están compuestos de personas ocupadas que quieren escuchar un lenguaje directo. Se trata de gente habituada al cuidadoso estilo periodístico, que presenta los hechos con la mayor concisión posible. Gente expuesta a los intensos estímulos de la publicidad, que lanza sus mensajes en términos claros y potentes, desde los anuncios, la pantalla de televisión, las revistas y los diarios. Cada palabra es medida cuidadosamente y ninguna se desperdicia. Mediante el uso de la Fórmula Mágica, usted puede estar absolutamente seguro de ganar la atención y centralizarla sobre el objeto principal de su mensaje. Es una fórmula que previene contra el uso descuidado de insulsas advertencias iniciales, tales como: "No he tenido tiempo de preparar muy bien este discurso", o bien: "Cuando vuestro presidente me pidió que pronunciara un discurso sobre este tema, me pregunté por qué causa me habría elegido a mí". Al público no le interesan las excusas reales o simuladas. Quiere acción. Con la Fórmula Mágica, usted le ofrecerá acción desde la primera palabra.

La fórmula es ideal para discursos breves, pues está basada en un cierto grado de expectación. El oyente cae atrapado en las redes de su relato, pero no advierte el objeto del discurso casi hasta el fin de los dos o tres minutos que dura éste. Ello es casi imprescindible para obtener éxito cuando la demanda se refiere directamente al auditorio. Ningún orador que quiera ver a sus oyentes poner dinero para alguna causa, por muy digna que sea, obtendrá notables resultados si comienza así: "Damas y caballeros. Me encuentro aquí para conseguir cinco dólares de cada uno de ustedes". Se produciría un rápido movimiento hacia las puertas de salida. Pero si el orador describe su visita al hospital de niños, donde ha visto un caso especialmente doloroso de necesidad, un pequeño que carece de ayuda económica para una operación en un hospital lejano, y luego solicita contribuciones, las probabilidades de obtener apoyo de su público serán inmensamente más amplias. Éste es el relato, el *Ejemplo*, que prepara el camino para la acción deseada.

Observe cómo el ejemplo incidental es utilizado por Leland Stowe para predisponer a su auditorio a apoyar el llamado de las Naciones Unidas para la niñez.

Ruego al cielo no tener que volver a hacerlo nunca en mi vida. ¿Puede haber algo peor que no poder interponer entre un niño y la muerte otra cosa que un mísero maní? Espero que nunca tengan que hacerlo, y vivir luego con ese recuerdo toda la vida. Si hubieran escuchado sus voces, si hubieran visto su mirada, aquel día de enero en los distritos obreros bombardeados, en Atenas... Sin embargo, todo lo que yo podía ofrecerles era una lata de maníes. Mientras me esforzaba por abrirla, me hallé en medio de docenas de anhelantes criaturas. Multitud de madres llevando a sus bebés en brazos, empujaban y luchaban para no distanciarse. Levantaban a sus pequeños y me los mostraban. Manos minúsculas que no eran más que piel y huesos que se agitaban convulsivamente. Traté de distribuir los maníes lo mejor posible.

En su frenesí, casi me habían hecho caer al suelo. Cientos de manos, manos suplicantes, crispadas, desesperadas. Todas ellas dolorosamente pequeñas. Un maní aquí, otro allí. Seis se deslizaron de entre mis dedos, y hubo a mis pies un alboroto salvaje de cuerpos extenuados. Otro maní aquí, otro allí. Centenares de manos suplicantes, centenares de ojos de donde había desaparecido la luz de la esperanza. Me quedé allí, desolado, con una lata vacía entre mis manos... Sí, espero que nunca les suceda algo así.

La Fórmula Mágica puede ser utilizada también en la redacción de cartas comerciales e instrucciones a seguir por empleados y subalternos. Las madres pueden utilizarla para estimular a sus hijos, y los niños para obtener algo en especial de sus padres. Usted encontrará en ella una herramienta psicológica que podrá utilizar cada día de su vida para transmitir sus ideas a los demás.

Incluso en publicidad, la Fórmula Mágica es utilizada a diario. La casa de baterías Eveready difundió recientemente una serie de programas por radio y televisión elaborados sobre esta fórmula. En el paso del *Ejemplo*, el locutor se refirió al caso de una persona que en altas horas de la noche se vio de pronto atrapada en su coche después de haber volcado. Luego de exponer los detalles del accidente, centró la atención sobre la víctima para finalizar el relato de cómo los destellos de los faros, alimentados por las poderosas baterías Eveready, habían atraído hacia el lugar los oportunos auxilios. Entonces el orador pasó a explicar el Objeto y la Razón de sus palabras.

"Compre baterías Eveready y podrá salvar su vida en una emergencia similar". Todos estos relatos, que estaban consignados en los archivos de la compañía, correspondían a incidentes verdaderos. No sé cuántas baterías fueron vendidas gracias a este singular medio de propaganda, pero lo que sé, sin ninguna duda, es que la Fórmula Mágica constituye un método efectivo de presentar lo que, según usted, debe hacer o evitar su auditorio. Subiremos los peldaños que nos llevan a nuestra meta, uno por uno.

PRIMERO: OFREZCA SU EJEMPLO, UN INCIDENTE DE SU VIDA

Ésta es la parte más extensa de su discurso. Describirá usted una experiencia que le haya enseñado alguna lección. Los psicólogos dicen que aprendemos de dos maneras distintas: una de ellas es la Ley del Ejercicio, en virtud de la cual una serie de incidentes similares nos lleva a un cambio de nuestras normas de conducta; la otra es la Ley del Efecto. En este caso, un solo acontecimiento puede producirnos tal impresión que determine un cambio en nuestra conducta. Todos hemos pasado alguna vez por estas raras experiencias. No tenemos que ahondar mucho en busca de tales incidentes, pues se hallan muy cerca de la superficie de nuestra memoria. Tales experiencias constituyen en gran parte la guía de nuestra conducta. Mediante su fiel reconstrucción podemos transformar estos incidentes en la base de nuestra influencia sobre la conducta de los demás. Podemos lograrlo porque la gente responde a las palabras casi del mismo modo que a los acontecimientos reales. Por lo tanto, en el paso del *Ejemplo* deberá revivir una parte de su experiencia de tal manera que pueda producir en el auditorio el mismo efecto que produjo en usted originalmente. Esto le obliga a aclarar, intensificar y dramatizar sus experiencias, de tal manera que lleguen a ser objeto de interés y estímulo para sus oyentes. A continuación hay una serie de sugerencias que lo ayudarán a que este aspecto de su discurso sea claro, intenso y esté pleno de significado.

Fundamente su ejemplo sobre una simple experiencia personal

El incidente típico que sirve de base para un ejemplo es especialmente poderoso cuando se refiere a un sencillo acontecimiento que haya producido un efecto dramático en su vida. Puede haber sucedido en pocos segundos, pero en tan breve lapso, usted aprendió una lección inolvidable. No hace mucho tiempo, en una de nuestras clases, un individuo habló del terror que había experimentado cuando una vez se dio vuelta su bote e intentó nadar hacia la costa. Estoy seguro de que cada uno de los allí presentes grabó bien en su mente que, en una situación semejante, seguiría el consejo del orador, es decir, permanecería junto al bote volcado hasta recibir ayuda. Recuerdo otro ejemplo, la horrorosa experiencia de un hombre relacionada con un niño y una segadora mecánica volcada. Este suceso quedó grabado en mi mente con tal nitidez que siempre me pongo en guardia cuando los niños andan correteando en torno de mi segadora mecánica. Muchos de nuestros instructores quedaron tan impresionados por sucesos relatados en sus clases que inmediatamente tomaron precauciones para prevenir accidentes similares en sus propios hogares. Uno de ellos guarda en su cocina un extintor de incendios, pues escuchó una vez la vívida exposición de un trágico siniestro que tuvo su origen en un percance de la cocina. Otro rotuló todos los frascos que contenían veneno, y tiene especial cuidado de que se hallen fuera del alcance de sus hijos. Hizo esto después de haber oído referir la experiencia de una madre distraída que descubrió a su hijo inconsciente en el cuarto de baño, con un frasco de veneno entre las manos.

Una simple experiencia que nos haya enseñado una lección que nunca olvidaremos es el primer requisito de un discurso que estimule a la acción. Con incidentes de tal naturaleza, usted puede incitar al público para que actúe en un sentido determinado: si es algo que le sucedió a usted, razonan sus oyentes, bien puede sucederles a ellos, y es conveniente que aprovechen su consejo haciendo lo que usted les sugiere.

Comience su discurso con un detalle de su ejemplo

Una de las razones para que usted comience su discurso con el Ejemplo es que de tal manera absorberá inmediatamente la atención. Ciertos oradores no logran atraer la atención desde sus primeras palabras, porque con mucha frecuencia dichas palabras no consisten sino en observaciones repetidas, lugares comunes o excusas fragmentarias que no son del interés público. "Mi falta de costumbre de hablar en público", es particularmente ofensivo, pero muchos otros lugares comunes que se utilizan para comenzar un discurso son asimismo muy pobres para atraer la atención del auditorio. Entrar en detalles sobre la forma en que usted llegó a elegir su tema, revelar al auditorio que usted no está muy bien preparado (es algo que descubrirán muy pronto), o anunciar el contenido de su discurso como un predicador que habla del tema de su sermón, son métodos que deben rechazarse en el discurso breve dirigido a la acción.

Adopte un rasgo propio del periodista; entre directamente en su ejemplo y captará de inmediato la atención de su auditorio.

He aquí algunas frases iniciales que actuaron como imanes sobre mi atención: "En 1942, me hallaba en una camilla, en el hospital." "Ayer, durante el desayuno, mi esposa estaba sirviendo el café cuando..." "Se abrió la puerta de mi despacho y nuestro capataz, Charlie Vann, entró violentamente." "Estaba pescando en medio del lago; levanté la vista y vi que un bote a motor se dirigía velozmente hacia mí."

Si usted comienza su discurso con alguna frase que responda a una de las preguntas ¿quién?, ¿cuándo?, ¿dónde?, ¿qué?, ¿cómo?, ¿por qué?, estará utilizando uno de los más antiguos artificios que se han empleado en el mundo para lograr la atención: el relato "Había una vez" son las palabras mágicas que abren las puertas de la imaginación infantil. Por la misma vía de acceso al interés humano usted puede cautivar el pensamiento de sus oyentes desde las primeras palabras.

Llene su ejemplo con detalles importantes

Los detalles, en sí mismos, carecen de interés. Una habitación revuelta y atestada no tiene atractivo. Un cuadro con exceso de detalles que no guardan relación entre sí no incita a la mirada a detenerse mucho tiempo sobre él. Del mismo modo, demasiados detalles, sin importancia, hacen que conversar o escuchar un discurso se conviertan en pruebas de resistencia. El secreto consiste en seleccionar tan sólo aquellos detalles que contribuirán a dar un realce mayor al Objeto y a la Razón del discurso. Si usted pretende persuadir a sus oyentes a que aseguren sus coches antes de emprender un viaje largo, todos los detalles de su Ejemplo deben relacionarse con algo que le haya sucedido cuando una vez emprendió un viaje sin tener su coche asegurado. Si habla del placer que le deparó el paisaje o cuenta dónde se hospedó cuando llegó a destino, sólo conseguirá oscurecer su Objeto y disipar la atención.

Pero los detalles de importancia, expresados en lenguaje concreto y colorido, son el mejor medio de dar nueva vida al incidente y ofrecer al auditorio un vivo cuadro de éste... Decir tan sólo que una vez tuvo un accidente a causa de su negligencia no posee interés alguno, y es poco probable que pueda inducir a alguien a ser más prudente al volante de su coche. Pero ofrecer un cuadro verbal de su escalofriante experiencia, utilizando plenamente las posibilidades de un lenguaje que apele a todos los sentidos, grabará profundamente el suceso en la mente de quienes lo escuchan. Por ejemplo, uno de mis alumnos desarrolló, como se verá enseguida, un Ejemplo que expresa vívidamente la necesidad de conducir con extrema precaución por carretera en la época de invierno.

Me dirigía hacia el norte por la ruta 41, en Indiana; en la mañana de la víspera de Navidad, en 1949. En el coche viajaban mi esposa y mis dos hijos. Durante varias horas nos habíamos deslizado sobre una sábana de hielo; el más ligero toque en el volante hacía patinar a mi coche de un modo muy desagradable. Pocos conductores intentaban adelantarse y parecía que las horas se deslizaban tan lentamente como los vehículos.

Llegamos entonces a un espacio dilatado donde el hielo había sido derretido por el sol y apreté el acelerador para recuperar el tiempo perdido. Otros coches hicieron lo mismo. Todos parecían haber experimentado súbita urgencia por llegar a Chicago antes que los demás. Los niños comenzaron a cantar desde el asiento posterior una vez calmada la sensación de peligro.

De pronto, la carretera se internaba en una zona arbolada. Mientras el coche ascendía velozmente pude advertir, demasiado tarde, que la ladera norte del monte, que aún no había sido alcanzada por los rayos solares, parecía un río de hielo pulimentado. Vi, fugazmente, la imagen de dos coches volcados frente a nosotros y el vehículo comenzó a girar, perdiendo el control. Fuimos a parar contra un montón de nieve que aún no se había derretido. Pero el coche que nos seguía, perdió también el control, y se estrelló contra el flanco de nuestro propio coche haciendo caer sobre nosotros una lluvia de cristales.

La abundancia de detalles que muestra este ejemplo permite al auditorio imaginarse fácilmente protagonista del suceso. Después de todo, nuestro propósito es conseguir que nuestro auditorio vea y escuche los mismos sucesos y experimente las mismas sensaciones que experimentamos nosotros. La única manera de que usted pueda lograr un efecto semejante es el uso de abundantes detalles concretos. Como explicamos en el capítulo IV, la tarea de preparar un discurso consiste en reconstruir las respuestas a las preguntas ¿quién? ¿cuándo? ¿dónde? ¿cómo? y ¿por qué? Debe estimular la imaginación visual de sus oyentes ofreciéndoles vivos cuadros verbales.

Vuelva a vivir su experiencia mientras la relata

Además de utilizar detalles pintorescos, el orador debe resucitar la experiencia que describe. Aquí es donde el lenguaje se aproxima a los límites de la acción. Todos los grandes oradores poseen sentido de lo dramático, pero no es ésta una extraña cualidad que se halla sólo en el terreno de la elocuencia. La mayoría de los niños poseen una gran reserva de ella. Muchas personas de nuestro conocimiento están dotadas de un sentido particular de la expresión facial, la imitación o la pantomima, que constituyen una parte, por lo menos, de la inapreciable habilidad de dramatizar. La mayor parte de nosotros posee alguna de esas características, y con un poco de práctica y esfuerzo podremos desarrollarlas más.

Cuanto mayor acción y calidez pueda usted poner en el relato de su incidente, más profunda será la impresión que cause en sus oyentes. Por grande que sea la riqueza de que pueda haber en una disertación, carecerá de fuerza si el orador no la pronuncia con el fervor capaz de crearla de nuevo. ¿Describe usted un incendio? Muéstrenos la excitación de la multitud mientras los bomberos luchan con las llamas. ¿Nos cuenta usted una discusión con su vecino? Reprodúzcala; dramatícela. ¿Nos está relatando sus últimos esfuerzos desesperados en medio de las olas mientras el pánico se apoderaba de usted? Haga sentir a su auditorio la desesperación de aquellos terribles instantes de su vida. Uno de los propósitos de nuestro *Ejemplo* es que nuestro discurso quede grabado en la memoria de quienes lo escuchan. Sus oyentes recordarán sus palabras y lo que usted les haya sugerido sólo si el *Ejemplo* logra conmoverlos hondamente. Recordamos la honestidad de Jorge Washington a causa del incidente del cerezo, popularizado en la biografía de Weems. El Nuevo Testamento es un rico tesoro de principios y normas de conducta reforzado con ejemplos plenos de interés humano, como la historia del buen samaritano.

Además de hacer que su discurso se recuerde con mayor facilidad, el Ejemplo lo hace también más interesante, más convincente y más fácil de entender. Su experiencia de la vida es claramente percibida por los oyentes; en cierta medida se sienten inclinados a responder afirmativamente a lo que usted les propone. Con esto llegamos directamente hasta el umbral de la segunda fase de la Fórmula Mágica:

SEGUNDO: ENUNCIE SU OBJETO; CÓMO
PRETENDE USTED QUE ACTÚE EL AUDITORIO

El *Ejemplo* ha llevado más de las tres cuartas partes de nuestro tiempo. Considere que sólo tiene dos minutos para hablar. Le quedan aproximadamente veinte segundos para intensificar el tono sobre la acción a la que usted pretende inducir al auditorio y para hablar de los beneficios que sus oyentes pueden esperar si actúan como usted les sugiere. La necesidad de los detalles ha desaparecido. Ha llegado el momento del empuje, de la afirmación directa. Es el reverso de la técnica utilizada por el periodista. En lugar de poner el título al principio, usted narra las noticias y luego les pone el título, que viene a ser su Objeto o llamado a la acción. Este paso está gobernado por tres reglas:

Abrevie y especifique su objeto

Sea preciso al expresar al auditorio lo que usted espera de él. La gente realiza solamente las cosas que entiende con claridad. Es esencial que se pregunte a sí mismo qué es lo que espera que hagan sus oyentes ahora que están dispuestos a la acción movidos por su ejemplo. Es una buena idea intentar redactar el objeto a la manera de un telegrama, tratando de reducir el número de palabras y haciendo que su lenguaje sea tan claro y explícito como sea posible. No diga: "Ayude a los internados en nuestro asilo local". Es demasiado general. Exprésese así: "Inscríbase esta noche para llevar a veinticinco niños a un picnic el domingo próximo". Es muy importante solicitar una acción manifiesta, que pueda ser vista, en lugar de acciones mentales que son demasiado vagas. Por ejemplo, "Piense en sus abuelos ahora y siempre" es demasiado general para llevar a la acción. En lugar de eso diga lo siguiente: "Propóngase firmemente visitar a sus abuelos este fin de semana". Una declaración como "Sea patriota" podría convertirse en "Vote el próximo martes".

Procure que su objeto sea fácil de llevar a cabo por quienes lo escuchan

Con independencia de que el objeto esté o no sujeto a polémicas, forma parte de la responsabilidad del orador expresar su estímulo a la acción, de modo que sus oyentes puedan entender y llevar a cabo el propósito con facilidad. Uno de los medios más adecuados para ello consiste en ser específico. Si usted quiere que sus oyentes acrecienten su capacidad de recordar nombres, no les diga: "Empiece ahora mismo a acrecentar su capacidad de recordar nombres". Algo tan general es difícil de realizar. Diga en cambio "Repita el nombre de la próxima persona que le presenten cinco veces en cinco minutos luego de haberla conocido".

Los oradores que detallan los puntos de la acción son más capaces de tener éxito en la motivación de sus auditorios que aquellos que se quedan en el campo de las generalidades. El problema de cómo expresar el objeto del discurso —positiva o negativamente— puede resolverse encarándolo desde el punto de vista del auditorio. No todas las expresiones negativas carecen de efecto. Cuando expresan que una acción debe evitarse, probablemente convencen mucho más al público que una advertencia afirmativa. "No arrebate las bombillas" es una frase negativa empleada con gran éxito hace algunos años en una campaña de publicidad destinada a incrementar las ventas de lámparas eléctricas.

Exprese su objeto con energía y convicción

El Objeto constituye todo el tema de su discurso. Usted debe expresarlo, por consiguiente, con todo su poder de convicción. Como un encabezamiento, impreso en grandes caracteres, su llamado a la acción debe estar acentuado por una expresión ágil y enérgica. Usted va a dejar una impresión definitiva en el auditorio. Hágalo de tal modo que pueda sentirse la sinceridad de su propósito. No debe haber incertidumbre o timidez en su actitud al expresar su deseo. Este poder persuasivo de la actitud nos llevará hasta las últimas palabras en que desarrollamos el tercer paso de la Fórmula Mágica.

TERCERO: MANIFIESTE LA RAZÓN O EL
BENEFICIO QUE PUEDE ESPERAR EL AUDITORIO

Una vez más, aquí, son necesarias la brevedad y la economía. En la Razón se determina el incentivo o recompensa que pueden esperar los oyentes si actúan de acuerdo con lo solicitado en el paso anterior, el Objeto.

Asegúrese de que la razón guarde relación con el ejemplo

Mucho se ha escrito sobre la motivación en un discurso. Constituye un tema vasto y sumamente útil para todo aquel que se esfuerza en estimular a los demás hacia la acción. En el discurso breve para tal objeto, sobre el cual centramos nuestra atención en el presente capítulo, todo lo que podemos pretender es ilustrar los beneficios en un par de frases y dar por terminado el discurso. Es de la mayor importancia, sin embargo, que usted subraye los beneficios surgidos del Ejemplo. Si usted asegura haber ganado dinero comprando un coche usado, e incita a sus oyentes a comprar un vehículo de segunda mano, debe subrayar el hecho de que ellos también pueden gozar de las ventajas económicas de comprar automóviles usados. No debe desviarse del ejemplo dando como razón para la compra la circunstancia de que algunos modelos antiguos son más elegantes que los últimos modelos.

Asegúrese de poner énfasis en una razón, una solamente

La mayoría de los vendedores pueden dar media docena de razones por las cuales usted debería comprar sus productos, y es muy posible que usted pueda ofrecer varias razones para apoyar su Objeto y todas ellas pueden ser dignas del Ejemplo empleado. Pero, insistimos, es mucho mejor elegir una razón de fundamental importancia y basarse en ella. Las palabras finales que usted dirija al auditorio deben ser tan claras y definidas como el mensaje de un aviso publicado en una revista. Si usted estudia estos avisos en los cuales se ha empleado tanto talento, desarrollará la aptitud necesaria para manejar el Objeto y la Razón de su discurso. Ningún aviso pretende vender más de un producto o una idea por vez. Pocos de ellos, en las revistas de mayor circulación, emplean más de una razón para inducir a comprar. La misma compañía puede cambiar la motivación según los diversos medios, la televisión y los periódicos, por ejemplo, pero difícilmente la misma firma empleará motivaciones distintas en un mismo tipo de aviso, sea auditivo o visual. Si estudia los avisos que ve en revistas y periódicos y en la televisión, si analiza su contenido, se asombrará de ver con qué frecuencia se utiliza la Fórmula Mágica para incitar al público a la compra.

Existen otros medios de elaborar un ejemplo: utilizar muestras, ofrecer una demostración, hacer comparaciones, citar autoridades y estadísticas. Serán desarrollados con mayor extensión en el capítulo XIII, donde se hablará del discurso más prolongado que tiende a persuadir. En este capítulo, la fórmula ha sido restringida al tipo de ejemplo de incidente personal, pues en el discurso breve para lograr acción es este ejemplo, sin lugar a dudas, el método más fácil e interesante, el más dramático y persuasivo que puede emplear un orador.

VIII

EL DISCURSO INFORMATIVO

Probablemente habrá escuchado usted con frecuencia a ciertos oradores que, como uno que disertaba ante una comisión investigadora del Senado norteamericano, hacen que el auditorio se muera de aburrimiento. Se trataba de un alto funcionario gubernamental, pero no sabía hacer otra cosa que hablar y hablar, vagamente, sin lograr en ningún momento dar un claro significado a sus palabras. Su lenguaje era impreciso y oscuro y la confusión del auditorio iba en aumento. Por fin, uno de sus miembros, Samuel James Ervin, hijo, hablando como el más antiguo senador de Carolina del Norte, tuvo oportunidad de decir algunas palabras muy significativas.

Expresó que el funcionario le recordaba a un individuo que hizo abandono de su hogar. Había notificado a su abogado que quería divorciarse de su esposa, si bien reconocía que era una mujer hermosa, una magnífica cocinera y una madre ejemplar.

—Entonces ¿por qué quiere divorciarse? —le preguntó su abogado.

—Porque habla constantemente —contestó el marido.

—Y ¿qué es lo que dice?

—¡Ése es el problema! ¡Nunca dice nada!

Ése es el problema, sí, que enfrentan muchos oradores, hombres o mujeres. Sus oyentes no saben de qué están hablando. Jamás dicen nada. Jamás consiguen aclarar el significado de sus palabras.

En el capítulo VII recibió usted una fórmula para inducir a sus oyentes a la acción mediante un breve discurso. Ahora le ofreceré métodos que lo ayudarán a expresarse con claridad cuando se proponga informar, y no influir en los actos de sus oyentes.

Muchas veces al día hablamos para informar de algo: dar directivas o instrucciones, explicar o relatar algún hecho. De todos los discursos pronunciados semanalmente en cualquier parte, el informativo sigue en importancia sólo al discurso que tiende a persuadir o inducir a la acción.

La capacidad de expresarse claramente precede a la capacidad de inducir a los demás a la acción. Owen D. Young, uno de los más grandes industriales norteamericanos, expresa así la necesidad de hablar claramente en el mundo de nuestros días:

A medida que uno perfecciona su habilidad para hacerse entender por los demás, amplía extraordinariamente sus oportunidades de ser útil. Ciertamente, en nuestra sociedad, donde es necesaria la mutua cooperación en todos los órdenes de la actividad humana, el primer factor imprescindible consiste en que los hombres se entiendan entre sí. El lenguaje es el principal sostén del entendimiento, y por ello debemos aprender a utilizarlo, no de un modo imperfecto, sino con un claro discernimiento.

Este capítulo contiene algunas sugestiones para ayudarlo a expresarse con tanta claridad y discernimiento que sus oyentes no tendrán ninguna dificultad para comprenderlo. "Todo lo que puede ser pensado —dice Ludwig Wittgenstein— puede pensarse con claridad". Todo lo que puede ser dicho, puede decirse también con claridad.

PRIMERO: LIMITE SU TEMA PARA AJUSTARSE AL TIEMPO DE QUE DISPONE

En uno de sus discursos ante un grupo de maestros, el profesor William James expresó que sólo era posible exponer un punto en una conferencia, y la conferencia a la que se refería duró una hora. Sin embargo, recientemente, escuché a un orador que sólo disponía de tres minutos para hablar; nos dijo que quería informarnos sobre once puntos diferentes. ¡Dieciséis segundos y medio para cada aspecto de su tema! ¿No parece increíble que un hombre inteligente pretenda algo tan manifiestamente absurdo? Es cierto, éste es un caso extremo, pero la tendencia a equivocarse en esta cuestión, aunque no hasta tal punto, es común a casi todos los principiantes. Es como si un guía pretendiese mostrarle la ciudad de París a un turista en un solo día. Es posible hacerlo, del mismo modo que puede recorrerse el Museo Norteamericano de Historia Natural en treinta minutos. Pero ello no trae como resultado placer alguno, ni tampoco un conocimiento bien definido. Muchos discursos carecen de claridad porque el orador parece resuelto a batir un récord mundial en el tiempo de que dispone. Salta de un punto al otro tan ágil y veloz como una cabra por los montes.

Si quiere hablar, por ejemplo, sobre los sindicatos obreros, no pretenda expresarnos en tres o cuatro minutos cómo se han originado, los métodos que emplean, cuáles son sus aspectos positivos y negativos, y cómo se resuelven los conflictos entre obreros y patrones. De ninguna manera. Si intenta algo semejante, nadie tendrá una clara idea de lo que nos ha dicho. Quedará todo confuso, borroso, inacabado, como un simple boceto apenas definido.

¿No sería prudente considerar una fase, y sólo una fase, de las organizaciones obreras, para desarrollarla adecuadamente e ilustrarla? Así es. Este tipo de discurso produce una impresión peculiar. Es lúcido, fácil de entender, fácil de recordar.

Cuando fui a ver una mañana al presidente de cierta compañía, encontré sobre su puerta un nombre desconocido. El jefe de personal, con el que me unía una vieja amistad, me explicó la causa.

—Su nombre, lo hundió —dijo mi amigo.

—¿Su nombre? —pregunté—. Era uno de los Pérez que controlaba la compañía ¿no es así?

—Quise decir su apodo: "¿Dónde Está Ahora?" Todos

lo llamaban "Dónde Está Ahora Pérez". No duró mucho tiempo. Su familia puso a uno de sus primos en su lugar. Nunca se dedicó a la parte fundamental de sus funciones. Ingresó hace algún tiempo, pero ¿qué hizo desde entonces? Iba de aquí para allí, estaba en todas partes, a toda hora. Quería ocuparse de todo. Pensaba que era más importante vigilar los menores detalles del trabajo de un cadete o una dactilógrafa que estudiar las grandes campañas de venta. Casi nunca estaba en su despacho. Por eso lo llamaban ¿Dónde Está Ahora?

Dónde Está Ahora Pérez me recuerda a muchos oradores que podrían desempeñarse mucho mejor. No lo hacen porque no poseen autodisciplina. Son aquellos que, como el señor Pérez, tratan de abarcar demasiado... ¿Nunca los escuchó? ¿No se preguntó entonces, en medio del discurso, "Dónde Está Ahora"?

Incluso oradores experimentados caen en la misma falta. Tal vez su competencia en muchos otros aspectos les impide ver el peligro de la dispersión de los esfuerzos. Usted no tiene por qué actuar como ellos. Concéntrese en su tema principal. Que sus oyentes puedan decir siempre: "Entiendo lo que dice, sé dónde está ahora".

SEGUNDO: ORDENE SUS IDEAS UNA TRAS OTRA

Casi todos los temas pueden ser desarrollados mediante una secuencia lógica basada en el tiempo, el espacio o los aspectos especiales. En lo que respecta al tiempo, por ejemplo, podría considerar su tema bajo las tres categorías temporales: pasado, presente y futuro, o comenzar a partir de una fecha determinada dirigiéndose, a partir de ella, hacia el pasado o el futuro. Todos los discursos que se refieren a un proceso de fabricación, por ejemplo, deberían comenzar a partir de la materia prima y exponer sucesivamente los diversos pasos de la fabricación que conducen al producto terminado. La cantidad de detalles que usted exponga debe estar determinada, por supuesto, por el tiempo de que dispone.

Para desarrollar un espacio, disponga sus ideas en torno a un punto central y parta de él, o distribuya el material en dirección a los cuatro puntos cardinales: norte, sur, este y oeste. Si tiene que describir la ciudad de Washington, podría conducir a sus oyentes hasta el extremo superior del Capitolio e indicar desde allí los puntos de interés que se observan en cada dirección. Si está describiendo un motor de retropropulsión o un automóvil, podría exponer mejor sus argumentos si lo desarma en sus partes componentes.

Algunos temas poseen una estructura interna. Si se dispone a explicar la estructura del Gobierno de los Estados Unidos hará bien en ajustarse al modelo de su organización y exponerlo según sus diversas ramas: legislativa, ejecutiva y judicial.

TERCERO: ENUMERE SUS PUNTOS A MEDIDA QUE LOS EXPONE

Uno de los medios más simples de que su discurso quede grabado con claridad en la mente de sus lectores consiste, sencillamente, en dar a entender que desarrolla los diversos puntos en determinado orden.

"Mi primer punto es el siguiente..." Puede mostrarse así de conciso. Cuando usted haya expuesto su primer punto, puede decir con franqueza que va a desarrollar el segundo y seguir así hasta el fin del discurso.

El doctor Ralph J. Bunche, siendo secretario general ayudante de las Naciones Unidas, dio comienzo a un importante discurso, auspiciado por el City Club de Rochester, Nueva York, de la siguiente manera:

"He optado por hablar esta noche sobre el tema 'El problema de las relaciones humanas' por dos razones." Inmediatamente agregó: "En primer lugar..." Continuó luego: "En segundo lugar..." En el curso de la disertación, tuvo especial cuidado de advertir a su auditorio que iba desarrollando su tema punto por punto hasta su conclusión:

"Nunca debemos perder la fe en la capacidad potencial del hombre para el bien."

El mismo método fue utilizado de un modo muy eficaz por el economista Paul H. Douglas para dirigirse a una comisión mixta del Congreso, preocupada por los medios para estimular los negocios en una oportunidad en que se advertía cierta retracción. Habló como especialista en impuestos y senador por Illinois.

"Mi tema —comenzó— es el siguiente: el medio más rápido y efectivo de acción consiste en reducir los impuestos de los grupos de menores posibilidades económicas, es decir, de aquellos que tienden a gastar casi todos sus ingresos".

"Especialmente...", continuó.

"Además de eso...", prosiguió luego.

"Por otra parte...", dijo más tarde.

"Existen tres razones principales:... Primero... Segundo... Tercero..."

"En resumen, lo que necesitamos es una inmediata reducción de los impuestos para aquellos sectores de menores ingresos, a fin de incrementar la demanda y obtener mayor capacidad adquisitiva".

CUARTO: COMPARE LO DESCONOCIDO
CON LO FAMILIAR

Algunas veces encontrará que son vanas sus tentativas de expresar su pensamiento. Se trata, seguramente, de algo muy claro para usted, pero que requiere complicadas explicaciones para que lo comprenda su auditorio. ¿Qué hacer en ese caso? Compárelo con algo que sus oyentes entienden verdaderamente; muestre la similitud de lo desconocido con lo familiar.

Supóngase que está describiendo una de las contribuciones de la química a la industria: un catalizador. Se trata de una sustancia que produce alteraciones en otras sin experimentar cambios. Esto es sumamente claro. ¿Pero no es mejor explicarlo así? "Es como un chico que, jugando en el patio de la escuela, golpea, empuja y hace caer a todos los otros niños, pero que esquiva siempre los golpes de todos los demás."

Cierta vez, varios misioneros tuvieron que enfrentar el problema de traducir a términos familiares del dialecto de una tribu del África ecuatorial las sentencias de la Biblia, desconocidas para los indígenas. ¿Deberían traducirlas literalmente? Se dieron cuenta de que si obraban así las palabras carecerían a veces de significado para los nativos.

Llegaron, por ejemplo, al párrafo: "Aunque tus pecados sean del color del rojo vivo, se convertirán al color blanco como la nieve". ¿Deberían traducirlo literalmente? Los nativos no conocían la nieve. Pero a menudo trepaban a los cocoteros y hacían caer sus frutos que utilizaban como alimento. Los misioneros entonces compararon lo conocido con lo desconocido. Cambiaron las palabras así: "Aunque tus pecados sean del color del rojo vivo, se convertirán al color blanco como la pulpa del coco".

¿Podrían haber hecho algo mejor en tales circunstancias?

Transforme los hechos en imágenes

¿A qué distancia está la Luna? ¿Y el Sol? ¿Y la estrella más cercana? Los científicos responden a estas preguntas con abrumadoras demostraciones matemáticas. Pero los conferenciantes y escritores de cuestiones científicas saben que ése no es el medio de hacer comprender los hechos al promedio de la gente. Por ello los transforman en imágenes.

El famoso científico Sir James Jeans se interesó especialmente en los anhelos de la humanidad por explorar el universo. Como experto científico conocía las dificultades matemáticas, y sabía que si sólo dejaba caer una que otra cifra al pasar serían mucho más efectivos sus escritos y conferencias.

Nuestro Sol (una estrella) y los planetas que nos rodean están tan cerca de nosotros que no podemos imaginar a qué inmensas distancias se hallan otros objetos que giran en el espacio.

Así explicaba en su libro *El Universo que nos rodea*: "Incluso la estrella más cercana (Próxima Centauri) está a 40.000.000.000.000 de kilómetros". Luego, para dar más vida a ese guarismo, explicaba que si alguien abandonara la Tierra a la velocidad de la luz —297.000 km por segundo— tardaría cuatro años y un cuarto para llegar a la Próxima Centauri.

De esta manera, conseguía que las vastas distancias espaciales parecieran más reales que, por ejemplo, las distancias en Alaska, como las describía un orador que escuché cierta vez. Expresaba que la superficie de Alaska era de 945.286 kilómetros cuadrados y no hacía ningún intento por aclarar esta idea.

¿Puede ofrecer esto alguna imagen de la extensión del 492 Estado de Norteamérica? A mí, en absoluto. Para imaginarse su gran extensión tuve que aguardar hasta informarme en otras fuentes que su superficie era superior a la de los Estados de Vermont, New Hampshire, Maine, Massachusetts, Rhode Island, Connecticut, Nueva York, Nueva Jersey, Pennsylvania, Delaware, Maryland, West Virginia, Carolina del Norte, Carolina del Sur, Georgia, Florida, Tennessee y Mississippi, todos ellos en conjunto. Ahora, los 945.286 kilómetros cuadrados adquieren un nuevo significado, ¿no es así? Uno comprende que en Alaska hay bastante lugar como para moverse a sus anchas.

Hace algunos años, uno de los miembros de nuestras clases describió el horrible saldo de accidentes fatales producidos en nuestras autopistas con este cuadro aterrador. "Supóngase que cruza el país en su coche, desde Nueva York hasta Los Ángeles. En lugar de indicadores de ruta, imagine ataúdes erguidos sobre la tierra, cada uno con una víctima de los accidentes ocurridos sobre la ruta el año último. Mientras usted conduce velozmente, su coche pasa, cada cinco segundos, junto a uno de esos horrendos indicadores, pues están repartidos a razón de siete por kilómetro de un extremo al otro del país."

Nunca emprendo un viaje en automóvil sin que este cuadro sobrecogedor aparezca en mi memoria.

¿Cuál es la razón? Las imprecisiones auditivas son difíciles de retener. Se deslizan como el rocío por la superficie brillante y pulida de las horas. ¿Pero las impresiones visuales? Hace unos cuantos años vi una bala de cañón incrustada en el muro de una vieja casa, sobre una de las riberas del Danubio; era una bala que la artillería de Napoleón había disparado en la batalla de Ulm. Las impresiones visuales son como esta bala de cañón; llegan con un impulso terrible. Y quedan incrustadas. Golpean. Y tienden a expulsar todas las inclinaciones opuestas del mismo modo que Bonaparte expulsaba a los austríacos.

Evite los términos técnicos

Si usted desempeña tareas de carácter especializado —si es abogado, médico, ingeniero, si actúa en el campo de los grandes negocios— tenga especial cuidado al dirigirse a gente que no domine la materia; exprésese en términos sencillos y ofrezca todos los detalles necesarios.

Tenga especial cuidado, debo recomendárselo, pues como parte de mis deberes profesionales he escuchado cientos de discursos que fallaban justamente en este punto, y fallaban de un modo calamitoso. Los oradores parecían ignorar completamente el profundo desconocimiento del público en general con respecto a su especialidad particular. ¿Qué sucedía entonces? Divagaban exteriorizando pensamientos, utilizando frases adecuadas a sus conocimientos, que para ellos estaban llenas de significado; sin embargo para el no iniciado, sus palabras eran tan claras como el río Missouri desbordado, luego de las lluvias de junio, sobre los campos sembrados de Iowa y Kansas.

¿Qué debe hacer entonces el orador? Leer y tomar nota de la siguiente advertencia salida de la dúctil pluma del senador Beveridge, de Indiana:

Es una buena práctica escoger a la persona que parezca menos inteligente del auditorio y hacer de ella alguien que se interese en sus argumentos. Esto puede realizarse con una lúcida exposición de hechos concretos y un claro razonamiento. Un método mejor aún consiste en hacer que su discurso parezca dirigido a algún niño que se encuentre presente con sus padres.

Dígase a sí mismo, dígaselo en voz alta al auditorio, si lo desea, que sus palabras serán tan sencillas que ese niño entenderá y recordará sus explicaciones sobre la cuestión desarrollada, y que después de la reunión será capaz de repetir lo que usted ha dicho.

Un médico, en una de nuestras clases, señaló en una charla que "la respiración diafragmática favorece, sin duda, la acción peristáltica del intestino y constituye un don inestimable para la salud". Iba a dar por terminada esa fase de su discurso con aquellas palabras y se disponía a seguir adelante desarrollando otros aspectos. El instructor lo detuvo, y pidió que levantaran la mano aquellos que tuvieran una idea clara de la diferencia entre la respiración diafragmática y otras clases de respiración, de por qué es especialmente beneficiosa para el bienestar físico, y qué significa acción peristáltica. El resultado sorprendió al doctor; volvió atrás y amplió los conceptos de esta manera:

El diafragma es un músculo delgado que forma el piso de la caja torácica en la base de los pulmones y el techo de la cavidad abdominal. Cuando uno se encuentra inactivo y al respirar con el tórax, se arquea como una palangana invertida.

En la respiración abdominal, cada aspiración fuerza este arco muscular hacia abajo hasta que llega a quedar casi plano y uno puede sentir los músculos del estómago apretados contra el cinturón.

Esta presión del diafragma hacia abajo masajea y estimula los órganos de la parte superior de la cavidad abdominal (el estómago, el hígado, el páncreas, el bazo y el plexo solar).

Con la espiración, el estómago y el intestino se aprietan contra el diafragma y reciben otro masaje. Estos masajes contribuyen al proceso de eliminación.

Los malos estados de salud se originan en alto grado en los intestinos. La mayoría de las indigestiones, estreñimientos y autointoxicaciones desaparecerían si nuestros estómagos e intestinos estuvieran adecuadamente preparados con una profunda respiración diafragmática.

Siempre es mejor ir de lo simple hacia lo complejo para dar explicaciones de cualquier clase. Por ejemplo, supóngase que quiere explicar a un grupo de amas de casa por qué las heladeras deben ser descongeladas. El siguiente sería el camino difícil:

El principio de la refrigeración está basado en el hecho de que el evaporador expulsa calor del interior de la heladera. Al ser expulsado el calor, la humedad que lo acompaña se adhiere al evaporador, acumulándose hasta adquirir un espesor que aísla el evaporador y es necesario un mayor esfuerzo del motor para compensar la acción del hielo acumulado.

Fíjese cuánto más fácil de entender es la explicación si el que la ofrece comienza hablando de algo familiar para las amas de casa:

Usted sabe en qué lugar de su heladera se congela la carne. Bueno, usted sabe, también, cómo se junta el hielo en ese congelador. Cada día el hielo es más y más espeso, hasta que es necesario descongelar el aparato para que la heladera siga funcionando bien. Como se ve, el hielo en torno del congelador es como una manta con la que uno se cubre en la cama o como un material aislante entre las paredes de su casa. Ahora bien, al crecer el espesor del hielo, es más difícil para el congelador expulsar el aire caliente del resto de la heladera y conservarla fría. El motor, entonces, tiene que trabajar con más frecuencia para conservar el frío. Pero con un descongelador automático el hielo nunca puede aumentar mucho de volumen. Consecuentemente, el motor trabaja con menor frecuencia y durante períodos más cortos.

Aristóteles dio un buen consejo sobre el tema: "Piensa como lo hacen los hombres sabios, pero habla como lo hace el vulgo". Si debe utilizar un término técnico, no lo haga hasta haber explicado su significado de modo que todos los miembros del auditorio puedan entenderlo. Esto es especialmente adecuado para sus palabras clave, esas que emplea usted constantemente.

En cierta oportunidad escuché a un corredor de cambios dirigirse a un grupo de mujeres que querían enterarse de los fundamentos de la banca y las inversiones. Usaba un lenguaje simple y se dirigía a ellas con desenvoltura, como si se tratara de una conversación. Aclaró todos los conceptos, excepto sus palabras básicas que sus oyentes no conocían. Hablaba de "cámara de compensación", "opciones con prima", "hipotecas amortizables" y "ventas a descubierto". Lo que podría haber sido una exposición fascinante se transformó en un rompecabezas por no haber advertido que sus oyentes no estaban familiarizados con los términos que eran parte inseparable de sus tareas comerciales.

No hay ninguna razón para que usted no utilice una palabra clave aunque sepa que no será entendida. Pero explique su significado tan pronto como la emplee. Nunca deje de hacerlo; el diccionario le pertenece.

¿Quiere hablar de audiciones musicales? ¿O del estímulo de la compra? ¿De artes liberales? ¿De problemas de costos? ¿De subsidios gubernamentales o de automóviles que se apartan de la dirección? ¿Quiere abogar por una actitud más tolerante hacia la niñez, o por algún sistema de efectuar inventarios? Asegúrese, tan sólo, de que sus oyentes presten a sus tecnicismos en esos campos especializados el mismo sentido que usted les presta.

Los nervios que conducen las sensaciones del ojo hacia el cerebro son mucho mayores que los que las llevan desde el oído. La ciencia nos dice que prestamos veinticinco veces más atención a las sugestiones visuales que a las auditivas.

"Vale más una mirada —dice un viejo proverbio japonés— que cien palabras."

Por ello, si desea ser claro, dé color a sus afirmaciones, haga visuales sus ideas. Éste era el método de John H. Patterson, fundador de la National Cash Register Company. Escribió un artículo para La revista de sistemas donde describía los métodos que empleaba para dirigirse a sus obreros y su cuerpo de ventas:

Creo que no es posible basarse sólo en las palabras para hacerse entender, o para ganar y sostener la atención. Es necesario un complemento teatral. Es mejor apoyar las palabras siempre que sea posible con la ayuda de imágenes que muestren el camino recto y el equivocado; los diagramas son más convincentes que las meras palabras y las imágenes que los diagramas. La presentación ideal de un tema es aquella en que cada subdivisión constituye una imagen y en que las palabras sólo se utilizan para enlazar las imágenes entre sí. Pronto descubrí que en el trato con las personas valía más una imagen que todo lo que les pudiera decir.

Si emplea un mapa o un diagrama, asegúrese de que sea bastante grande como para que se vea cómodamente, sin exageraciones. Una larga serie de mapas, por lo general, produce aburrimiento. Si traza el diagrama a medida que desarrolla el tema, cuide de hacerlo a grandes rasgos y con la mayor velocidad. Los oyentes no están interesados en contemplar obras de arte. Utilice abreviaciones; escriba con letras grandes y legibles sin dejar de hablar mientras dibuja o escribe; y no deje de mirar al mismo tiempo al auditorio. Cuando utilice ilustraciones, siga estas sugestiones y obtendrá la atención extasiada de su público:

1. Guarde el objeto fuera de la vista del público hasta que esté listo para emplearlo.

2. Use objetos lo suficientemente grandes como para que puedan ser vistos desde las últimas filas. El auditorio aprende más cuando ve un objeto.

3. Nunca haga circular un objeto entre su auditorio mientras está hablando. ¿Por qué estimular la competencia?

4. Cuando exhiba un objeto, colóquelo a una altura que esté al alcance de la vista de sus oyentes.

5. Recuerde, un objeto que se mueve es mejor que diez objetos inmóviles. Haga la prueba si es posible.

6. No fije la vista en el objeto mientras habla; usted intenta comunicarse con el auditorio, no con el objeto.

7. Cuando ya no lo necesite, coloque el objeto —si es posible— fuera de la vista del público.

8. Si el objeto que va a emplear exige un "misterioso tratamiento", téngalo cubierto sobre una mesa, a su lado. A medida que hable, haga referencias que despierten la curiosidad del auditorio sobre la naturaleza del objeto, pero no diga de qué se trata. Luego, cuando esté listo para develar el misterio, habrá logrado despertar la curiosidad, la expectación y un auténtico interés.

La exhibición de objetos es cada vez más importante como medio de aumentar la claridad. El mejor modo de asegurarse que el auditorio entenderá sus palabras es ir preparado a mostrarles tanto como a decirles lo que usted lleva en su mente.

Dos presidentes norteamericanos, ambos maestros del discurso, han señalado que la capacidad de expresarse claramente es el resultado del entrenamiento y la disciplina. Como decía Lincoln, debemos sentir pasión por la claridad. Lincoln refirió al doctor Gulliver, presidente del Colegio de Knox, cómo había desarrollado esta "pasión" en una época temprana de su vida:

Entre mis reminiscencias más tempranas, recuerdo cómo, siendo apenas un niño, me irritaba que alguien se dirigiera a mí de tal modo que yo no pudiera entenderle. No recuerdo que nunca en mi vida me haya irritado por otra cosa. Eso siempre me ponía de mal humor, y así ha continuado siendo desde entonces. Recuerdo que una noche me fui a la cama después de oír charlar a los vecinos con mi padre, y pasé una buena parte de la noche tratando de aclarar el exacto significado de cada una de sus oscuras palabras, como lo eran para mí. No podía dormir, aunque trataba de hacerlo, cuando me empeñaba de ese modo en atrapar una idea, hasta que la había repetido una y otra vez, hasta que la lograba expresar en un lenguaje lo bastante simple como para que un niño pudiera comprenderla. Era en mí una especie de pasión y desde entonces la llevo aferrada a mi ser.

El otro distinguido presidente, Woodrow Wilson, escribió algunas palabras de advertencia que pulsan la nota justa para terminar este capítulo, destinado a que usted exprese claramente lo que quiere decir:

Mi padre era un hombre de gran energía intelectual. El mejor adiestramiento me lo proporcionó él mismo. No toleraba la vaguedad, y desde que comencé a escribir, hasta su muerte, en 1903, cuando tenía ya ochenta y un años, le llevé todos mis escritos.

Quería que se los leyera en voz alta, lo que para mí era muy molesto. De vez en cuando me detenía, "¿Qué quieres decir con eso?" Se lo decía, y, por supuesto, al hacerlo, lo expresaba con mayor sencillez que como lo había escrito. "¿Por qué no lo dices así? No apuntes a tu significado con perdigones que se desparraman por todos lados: tira con un rifle, apunta bien a lo que quieres decir".

IX

EL DISCURSO PARA CONVENCER

En una ocasión, un grupo de hombres y mujeres encontró un huracán en su camino. No se trataba de un huracán real, pero era lo que más se le aproximaba. Se trataba de un hombre: Maurice Goldblatt. Así es como lo describe uno de los integrantes de aquel grupo:

Estábamos sentados a la mesa, en un almuerzo ofrecido en Chicago. Sabíamos que a este hombre lo consideraban un gran orador. Lo observamos atentamente cuando se levantó para hablar.

Era un hombre apuesto, agradable, de edad mediana. Comenzó pausadamente, agradeciéndonos por haberlo invitado. Quería hablarnos de algo muy serio, según nos dijo, y esperaba que lo excusásemos si nos incomodaba. Luego, como un torbellino, estalló. Se inclinó hacia adelante, sus ojos nos atravesaron. No levantó la voz, pero me daba la impresión de que sonaba como un gong.

"Miren a su alrededor —dijo—. Mírense entre ustedes. ¿Saben cuántos de los aquí presentes van a morir de cáncer? Uno de cada cuatro. Ustedes son cuarenta y cinco. ¡Uno de cada cuatro!"

Hizo una pausa y su rostro se iluminó. "Éstos son los hechos ásperos y desnudos, pero no tienen por qué seguir siendo así por mucho tiempo. Algo puede hacerse. Progresar en el tratamiento del cáncer y en la investigación de sus causas".

Nos miró gravemente, pescó su mirada alrededor de la mesa. "¿Quieren contribuir para esa obra?", preguntó.

¿Podría haberse dado otra respuesta que no fuera "Sí" en lo más profundo de cada uno de nosotros? "Sí", pensé yo, y descubrí más tarde que lo mismo habían pensado todos.

En menos de un minuto, Maurice Goldblatt nos había ganado para su causa. Nos había comprometido personalmente en el asunto. Nos tenía de su lado en la campaña que emprendía por una causa humanitaria.

Obtener una reacción favorable es el objetivo de todos los oradores, de ahora y de siempre. En realidad, Mr. Goldblatt tenía una dramática razón para pedir nuestro apoyo. Él y su hermano Nathan, que habían iniciado sus negocios con poco más que nada, llegaron a crear una cadena de almacenes que movilizaba un capital de más de 100.000.000 de dólares por año. El fabuloso éxito había llegado después de duros y largos años de lucha; fue entonces cuando un cáncer arrebató rápidamente la vida de Nathan.

Después de esto, Maurice Goldblatt decidió que la Fundación que llevaba su nombre donara el primer millón de dólares a la Universidad de Chicago para el programa de investigaciones contra el cáncer, y consagró su propio tiempo —retirándose de los negocios— a la tarea de interesar al público en la batalla contra la enfermedad.

Tales hechos, junto con la personalidad de Goldblatt, nos conquistaron. Sinceridad, entusiasmo, buena fe y una firme determinación de consagrarnos algunos minutos, de la misma manera que él se consagraba año tras año, a su gran causa. Todos estos factores nos llevaron a coincidir con el orador, a simpatizar con él, a sentir interés y voluntad de hacer algo por su causa.

PRIMERO: GANE CONFIANZA MERECIÉNDOLA

Quintiliano describe al orador como "un hombre honesto práctico en hablar". Hablaba de la sinceridad y el carácter. Nada de lo que se ha dicho en este libro, ni nada de lo que queda por decir, puede ocupar el lugar de este atributo esencial de la eficiencia en el orador. Pierpont Morgan decía que el carácter era el mejor medio para obtener crédito; también es el mejor medio de conquistar la confianza del auditorio.

"La sinceridad con que habla un hombre —decía Alexander Woolcott— imparte a su voz un tono de verdad que ningún farsante puede fingir."

Especialmente cuando el propósito de nuestro discurso es convencer, es necesario sacar a luz nuestras propias ideas con el color que surge de la sincera convicción. Debemos estar convencidos antes de intentar convencer a los demás.

SEGUNDO: OBTENGA UNA RESPUESTA AFIRMATIVA

Walter Dill Scott, presidente de la Universidad del Noroeste, decía que "toda idea, todo concepto o conclusión que penetra en la mente, es aceptado a menos que se le oponga alguna idea contradictoria". Mi buen amigo, el profesor Harry Overstreet, analizó brillantemente el substrato psicológico de este concepto en un conferencia pronunciada en la Nueva Escuela de Investigaciones Sociales de Nueva York.

El orador experto obtiene desde el comienzo cierta cantidad de respuestas afirmativas. Logra de este modo orientar los procesos psicológicos de sus oyentes en una dirección positiva. Es como el movimiento de una bola de billar. Impelida en una determinada dirección, es necesario ejercer cierta fuerza para desviarla y mucho más para moverla en dirección opuesta.

Las reglas psicológicas sobre el particular son bastante claras. Cuando una persona dice "No" y realmente quiere decirlo, no está haciendo otra cosa que pronunciar una palabra de dos letras. Todos sus sistemas orgánicos —glandular, nervioso, muscular— se reúnen y adoptan una actitud de rechazo. Aunque por lo general es imperceptible, algunas veces se observa un recogimiento físico o una disposición para él. Todo el sistema neuromuscular se pone en guardia contra la aceptación. Cuando una persona dice "Sí", por el contrario, no tiene lugar ninguna de estas actitudes. El organismo adopta una actitud positiva, de aceptación. Por lo tanto, cuantas más veces podamos obtener la respuesta "Sí", al comienzo, tantas más probabilidades tendremos de tener éxito en captar la atención del público para nuestro propósito final.

Es muy simple la técnica de la reacción afirmativa. Y sin embargo ¡cuánto se la descuida! Parece que la gente en general afirmara su propia importancia adoptando el antagonismo desde el comienzo. El radical entra en una conferencia con sus rivales conservadores, y en seguida se pone a luchar con ellos. ¿Qué hay de bueno en ello? Si su actitud le reporta algún placer, podría ser perdonado. Pero si espera alcanzar algo con ella sólo puede decirse que, psicológicamente, su posición es necia.

Haga que un estudiante diga "No" al comienzo, o un cliente, o un niño, o un ama de casa, y será necesaria la sabiduría y la paciencia de los ángeles para transformar esa rígida negación en una respuesta afirmativa.

¿Cómo debe procederse para obtener estos anhelados "Sí" desde el principio? Es muy simple. "Mi modo de comenzar un alegato y conseguir el triunfo —refiere Lincoln— consiste, primeramente, en hallar un punto de coincidencia." Lincoln lo hallaba incluso al abordar el candente problema de la esclavitud. "Durante la primera media hora —expresó *El Espejo*, periódico neutral que hacía la crónica de una de las charlas de Lincoln— sus oponentes no podían estar en desacuerdo con ninguna de sus palabras. Desde allí comenzó a conducirlos, poco a poco, apartándolos hasta dar la impresión de que había logrado convertirlos a todos en sus partidarios."

¿No es evidente que el orador que polemiza despierta la resistencia de sus oyentes, los pone a la defensiva, hace casi imposible que modifiquen sus pensamientos? ¿Es prudente comenzar diciendo "Voy a probar esto y aquello"?

¿No es mucho más ventajoso comenzar por algo que usted y su público creen firmemente, y dejar caer entonces alguna pregunta apropiada que a todos agradaría poder responder? Conduzca entonces al auditorio en busca de la ansiada respuesta. En el curso de esta búsqueda, presente los hechos como usted los ve, tan claramente que no tengan otra alternativa que aceptar sus conclusiones como propias. Tendrán una fe mucho mayor en la verdad que hayan descubierto por sí mismos... "El mejor argumento es aquel que parece una simple explicación."

En toda controversia, sin tener en cuenta la amplitud de las diferencias de opinión que puedan existir, siempre hay algún punto de acuerdo al que puede referirse el orador. Por ejemplo: el 3 de febrero de 1960, el primer ministro de Gran Bretaña, Harold Macmillan, se dirigió a ambas cámaras del Parlamento de la Unión Sudafricana. Debía presentar el punto de vista del Reino Unido, contrario a las diferencias raciales, ante el cuerpo legislativo y en un momento en que el "apartheid" constituía la política dominante. ¿Comenzó su discurso planteando esta diferencia esencial? No. Comenzó por acentuar la importancia del notable progreso económico verificado en Sudáfrica, las importantes contribuciones realizadas por ese país al mundo entero. Luego, con habilidad y tacto, trajo a colación el problema de las divergencias sobre la cuestión racial. Aun en este momento, expresó que estaba absolutamente seguro de que tales divergencias se basaban en sinceras convicciones. Todo su discurso, su excepcional alegato, recordaba las amables pero firmes arengas de Lincoln pronunciadas en los años anteriores a Fort Sumter. "Como miembro del Commonwealth —expresó el primer ministro—, deseamos sinceramente ofrecer a Sudáfrica nuestro apoyo, pero espero que no les importará que les diga francamente que hay aspectos de vuestra política que nos impiden hacerlo sin traicionar nuestras profundas convicciones sobre el destino político de las personas libres, esas convicciones que, en nuestros propios territorios, estamos tratando de poner en práctica. Pienso que, como amigos, dejando de lado reproches innecesarios, debemos enfrentar juntos el hecho de esta diferencia que nos separa en el mundo de nuestros días".

Independientemente de la inclinación a disentir con el orador, un alegato como éste tiende a convencer de la sana intención que lo anima.

¿Cuál hubiera sido el resultado si el primer ministro Macmillan hubiera señalado especialmente desde el comienzo la diferencia política, en lugar de los puntos de coincidencia? El esclarecedor trabajo del profesor James Harvey Robinson, "Formando el pensamiento", ofrece la adecuada respuesta psicológica para esta pregunta:

A menudo experimentamos cambios en nuestro pensamiento sin ninguna resistencia o emoción, pero, si nos dicen que estamos equivocados, nos duele la acusación y manifestamos indiferencia. No prestamos la menor atención al modo en que se forman nuestras convicciones, pero con frecuencia nos sentimos poseídos de una pasión ilógica cuando alguien pretende privarnos de ellas. Es obvio que no se trata de nuestro afecto a las ideas en sí mismas, sino que sentimos amenazada nuestra propia estimación... La simple palabra mi es la más importante en las cuestiones humanas y reconocerlo es el comienzo de la sabiduría. Posee el mismo valor si significa mi comida, mi perro y mi casa o mi fe, mi país y mi Dios. No nos sentimos molestos únicamente cuando nos dicen que nuestro reloj o nuestro coche no marchan bien, sino también cuando nos señalan que nuestras ideas sobre los canales de Marte, la pronunciación de "Epicteto", el valor medicinal de la salicina o la época en que reinó Sargón I deben ser revisadas... Nos gusta continuar creyendo aquello que estamos acostumbrados a aceptar como verdad, y el resentimiento que se despierta cuando la duda amenaza alguna de nuestras convicciones nos lleva a buscar todos los medios posibles de aferrarnos a ellas. El resultado es que nuestros así llamados razonamientos consisten, en su mayoría, en el hallazgo de argumentos para continuar creyendo lo mismo en que creíamos hasta entonces.

TERCERO: HABLE CON UN ENTUSIASMO
CONTAGIOSO

Es mucho menos probable despertar ideas contradictorias en la mente del auditorio cuando el orador presenta sus ideas con verdadero sentimiento y un entusiasmo contagioso. Digo "contagioso" pues el entusiasmo posee justamente esa cualidad. Arroja a un lado todas las ideas negativas y opuestas. Cuando su propósito sea convencer, recuerde que es mucho más productivo suscitar emociones que pensamientos. Los sentimientos son mucho más poderosos que las frías ideas. Para despertar sentimientos es necesario estar profundamente convencido. Con independencia de las hermosas frases que un hombre pueda concebir, los ejemplos que pueda presentar, la armonía de su voz y la gracia de sus ademanes, si no habla con sinceridad todo se reducirá a vacíos oropeles. Si pretende influir en un auditorio, comience usted mismo por sentirse influido. Su espíritu, brillante en su mirada, radiante en la expresión de su voz, manifestándose en todas sus actitudes, logrará penetrar en el auditorio.

Siempre que usted hable, y especialmente cuando su propósito manifiesto sea convencer, todo lo que usted hace determinará la actitud de sus oyentes. Si se muestra indiferente, así se sentirán ellos. Si es petulante y hostil, responderán de la misma manera. "Cuando la congregación se queda dormida —escribe Henry Ward Beecher—, sólo puede hacerse una cosa; proveer al conserje de un bastón puntiagudo y decirle que aguijonee al predicador."

En cierta oportunidad, fui uno de los tres jueces convocados para otorgar un premio en la Universidad de Columbia. Había media docena de estudiantes, todos muy bien preparados, todos ansiosos de desempeñarse bien. Sin embargo —con una sola excepción—, lo que todos pretendían era ganar la medalla. No tenían muchos deseos de convencer.

Habían escogido sus temas en la medida en que les permitieran desplegar sus dotes oratorias. No existía ningún profundo interés personal relacionado con lo que exponían. Y los discursos, uno tras otro, no fueron sino meros ejercicios en el arte de expresarse.

La excepción fue un príncipe zulú. Había elegido como tema "La contribución de África a la civilización moderna". Imprimió un profundo sentimiento en cada palabra pronunciada. Su discurso no fue un simple ejercicio, contenía algo vital, algo nacido de la convicción y el entusiasmo. Habló como el representante de su pueblo, de su continente, con discernimiento, con carácter, con buena voluntad; nos ofreció el mensaje de las esperanzas de su pueblo y un alegato reclamando nuestra comprensión.

Le dimos la medalla, aunque posiblemente su discurso no fue mejor que el de dos o tres de sus competidores. Lo que juzgamos indiscutible era que sus palabras poseían la verdadera llama de la sinceridad. Junto al suyo, los demás discursos eran tímidas llamitas de gas.

El príncipe había aprendido por su propia experiencia, en tierras lejanas, que nadie puede proyectar su personalidad en un discurso con el uso exclusivo de la razón; es necesario revelar que, profundamente, uno mismo cree en lo que dice.

CUARTO: MUESTRE RESPETO Y AFECCIÓN POR SU AUDITORIO

"La personalidad humana exige amor y respeto —dice el doctor Norman Vincent Peale—. Todo ser humano posee un profundo sentimiento de su propio valer, de su importancia, de su dignidad. Si herimos estos sentimientos en alguna persona, la habremos perdido para siempre. Cuando uno muestra afecto y respeto, acrecienta el valor de la persona y, por consiguiente, obtiene su afecto y su estima.

"Cierta vez me hallaba en un programa con un conferenciante. No lo conocía muy bien, pero, después que nos encontramos, leí que tenía algunas dificultades, y creo saber la razón.

"Me había sentado junto a él, silenciosamente, pues tenía que hablar en seguida. '¿No estará nervioso, supongo?' me preguntó.

"'Pues, sí —le respondí—, siempre me siento algo nervioso antes de dirigirme al público. Siento un gran respeto por el auditorio y la responsabilidad me inquieta un poco. ¿No está nervioso usted?'

"'No —me respondió—. ¿Por qué tendría que estarlo? El público es un grupo de tontos'.

"'No estoy de acuerdo con usted. El público es el juez soberano. Personalmente, siento gran respeto por el auditorio.'"

Cuando leyó luego acerca de este hombre, el doctor Peale estaba seguro de que la razón de su menguante popularidad se hallaba en una actitud que producía antagonismo en los demás en lugar de conquistarlos.

¡Qué práctica lección para todos aquellos de nosotros que pretendemos comunicarnos con los demás!

QUINTO: EMPIECE EN FORMA AMIGABLE

Un ateo desafió cierta vez a William Paley a que demostrara si la hipótesis sobre la inexistencia de un Ser Supremo estaba equivocada. Con mucha calma, Paley tomó su reloj, levantó la tapa, y dijo: "Si yo le dijera que todos estos ejes y ruedas y resortes se han fabricado y coordinado por sí mismos y luego comenzaron a girar bajo su propio gobierno ¿no pondría usted en duda mi inteligencia? Por supuesto, lo haría. Pero observemos las estrellas. Cada una de ellas tiene perfectamente señalado su curso y movimiento; la Tierra y los planetas se desplazan alrededor del Sol, y todo el grupo se desplaza a una velocidad de más de un millón y medio de kilómetros diarios. Cada estrella es en sí misma otro sol, con su propio grupo de mundos lanzados a través del espacio como nuestro mismo sistema solar. Sin embargo, no se producen colisiones, ni disturbios, ni confusiones. Todo funciona con normalidad, todo está eficientemente controlado. ¿Resulta más fácil creer que todo se produjo espontáneamente, o que alguien lo dispuso de tal modo?"

Supongamos que el doctor Paley hubiera replicado a su antagonista desde un principio: "¿Que no existe Dios? ¡No sea ignorante! ¿No se da cuenta de lo que está diciendo?" ¿Qué habría sucedido entonces? Indudablemente, un torneo verbal: hubiera tenido lugar una guerra de palabras, tan inútil como violenta. El ateo, poseído de un impío fervor, hubiera comenzado a luchar por defender sus opiniones con la furia de un tigre. ¿Por qué? Porque como lo ha puntualizado el profesor Overstreet, serían sus opiniones, su preciada propia estimación, las que habrían estado amenazadas; su orgullo personal habría peligrado.

Ya que es el orgullo una característica tan fundamental de la naturaleza humana, ¿no sería sabio y prudente hacer que el orgullo trabajara para nosotros, en lugar de trabajar en contra nuestra? ¿Cómo? Mostrando, como lo hizo Paley, que lo que nosotros afirmamos tiene mucha similitud con algo en lo que ya cree nuestro contrincante. Ello lo inclina más a la aceptación que al rechazo de nuestras afirmaciones. Ello impide que las ideas opuestas y contradictorias se despierten e invaliden lo que hemos expresado.

Paley mostró una sutil apreciación del funcionamiento de la mente humana. La mayoría de las personas, sin embargo, descuida esta habilidad y pretende penetrar en la ciudadela de las creencias individuales luchando a brazo partido con su defensor. Imaginan erróneamente que para conquistar la ciudadela deben asediarla, derrumbarla mediante un ataque frontal. ¿Qué es lo que sucede? Comienzan las hostilidades, es izado el puente levadizo, se cierran y se atrancan las grandes puertas de la fortaleza, los arqueros preparan sus largos arcos: la batalla de las palabras y las injurias ha comenzado. Estas querellas finalizan siempre en una retirada. El atacante no ha logrado convencer a su adversario de nada absolutamente.

El método que apela más a la sensibilidad, y por el que yo abogo, no es nuevo. Fue empleado hace ya mucho tiempo por San Pablo, en aquella famosa arenga a los atenienses, y lo empleaba con tal habilidad y delicadeza que aún despierta nuestra admiración después de más de diecinueve centurias. San Pablo había recibido una refinada educación y, luego de convertirse al cristianismo, su elocuencia hizo de él el principal abogado de la nueva religión. Cierto día llegó a la ciudad de Atenas, la Atenas posterior a Pericles, una Atenas que había pasado ya por la cúspide de su gloria y se hallaba ahora en decadencia. La Biblia se refiere a este período: "Entonces todos los atenienses y los huéspedes extranjeros en ninguna otra cosa se interesaban, sino en decir o en oír alguna cosa nueva".

No había radios ni telegramas; debía ser muy difícil para los atenienses de aquellos tiempos hallar alguna noticia fresca cada tarde. Fue entonces cuando llegó San Pablo. Algo nuevo. Se amontonaron a su alrededor entretenidos, curiosos, interesados. Lo llevaron hasta el Areópago y le dijeron: "¿Podremos saber qué es esta nueva doctrina que dices? Porque pones en nuestros oídos unas nuevas cosas: queremos pues saber qué es esto".

En otras palabras, lo invitaban a hablar, y, sin ningún reparo, Pablo accedió. En realidad, para eso había ido. Probablemente se puso de pie sobre alguna piedra, y, un poco nervioso, como todos los buenos oradores en el momento de comenzar, se secaría la transpiración de las manos, se aclararía un poco la garganta.

Sin embargo, no estaba muy dispuesto a ajustarse a lo expresado por la invitación: "Nuevas doctrinas... cosas nuevas". Aquello era veneno. Debía hacer desaparecer esas ideas. Eran un campo fértil para la propagación de opiniones opuestas y contradictorias. No deseaba presentar su fe como algo extraño y remoto. Quería ligarla, compararla con algo en lo que ellos ya creyeran. Así podría suprimir las ideas contrarias. Pero, ¿cómo hacer? Pensó un momento y se le ocurrió un plan extraordinario. Comenzó entonces su alocución inmortal: "Varones atenienses, en todo os veo como muy supersticiosos".

En algunas traducciones se lee "religiosos". Pienso que es mejor, más exacto. Los atenienses adoraban a numerosos dioses; eran muy religiosos y estaban orgullosos de serlo. Las palabras del apóstol los complacían. Comenzaron a sentir afecto por él. Una de las reglas del arte de hablar con eficacia consiste en apoyar cada afirmación con un ejemplo. Así hizo Pablo: "Porque pasando y mirando vuestros santuarios, hallé también un altar en el cual estaba esta inscripción: AL DIOS DESCONOCIDO".

Ello prueba, como se ve, que los atenienses eran muy religiosos. Temían tanto desairar a alguna de las deidades que habían levantado un altar al Dios desconocido, una especie de política preventiva contra negligencias o desatenciones involuntarias. La mención de ese altar determinado indicaba que Pablo no estaba usando la lisonja, sino que su referencia era un genuino producto de la observación.

Y ahora viene el momento decisivo de su introducción:

"Aquel pues, que vosotros honráis sin conocerle, a éste os anuncio yo".

"¿Nueva doctrina... cosas nuevas?" Ni una palabra. Él se encontraba allí tan sólo para explicar algunas verdades acerca de un Dios al que ellos ya adoraban sin conocerlo. Como se ve, la extraordinaria técnica de Pablo consistía en hacer las cosas en las que no creían semejantes a otras que ya habían aceptado y a las que estaban ligados emocionalmente.

Presentó su doctrina de la salvación y la resurrección, citó algunas palabras de algunos de los propios poetas griegos, y eso fue todo. Algunos de los que lo escucharon se burlaban, pero otros decían: "Te oiremos acerca de esto otra vez".

Nuestro problema al realizar un discurso destinado a convencer o impresionar a los demás consiste precisamente en esto: asentar la idea en las mentes y evitar que surjan ideas opuestas y contradictorias. Quien tenga la habilidad necesaria para hacerlo, tiene poder para influir en los demás con sus palabras. Precisamente aquí es donde pueden ser de gran ayuda las reglas expuestas en mi libro Cómo ganar amigos e influir sobre las personas.

Casi todos los días de nuestra vida hablamos con personas que difieren de nuestro punto de vista en los temas que disentimos. ¿No trata usted constantemente de conquistar a la gente, de inducirla a pensar como usted, en su casa, en la oficina, en todo tipo de situaciones? ¿Hay ocasión de perfeccionar sus métodos? ¿Cómo comienza usted? ¿Mostrando el tacto de Lincoln y Macmillan? Si es así, es usted una persona dotada de notable habilidad diplomática y extraordinaria discreción. Es conveniente recordar las palabras de Woodrow Wilson. "Si usted se acerca a mí y me dice: 'Sentémonos juntos y cambiemos ideas, y, si no estamos de acuerdo, tratemos de entender por qué no lo estamos, cuáles son, precisamente, los puntos en discusión, encontraremos muy pronto que no estamos tan alejados después de todo, que los puntos en que divergimos son pocos y que son muchos aquellos en los cuales estamos de acuerdo. Y veremos que, si tenemos la paciencia necesaria y el sincero deseo de ponernos de acuerdo, llegaremos a entendernos'."

X

EL DISCURSO IMPROVISADO

No hace mucho tiempo, un grupo de dirigentes de negocios y de funcionarios públicos se reunió en la inaugura-
ción del nuevo laboratorio de una sociedad farmacéutica.
Uno tras otro, media docena de subordinados del director
de investigaciones se pusieron de pie y hablaron del fascinante trabajo que llevaban a cabo los químicos y biólogos.
Estaban trabajando con nuevas vacunas contra enferme-
dades transmisibles, nuevos antibióticos para combatir los
virus, nuevos tranquilizantes para aliviar la tensión. Los
resultados obtenidos, primero con animales y luego con
seres humanos, eran impresionantes.

—Esto es maravilloso —expresó un funcionario al
director de investigaciones—. Sus hombres son verdaderos magos. Pero, ¿por qué no se levanta y habla usted
también?

—Yo sólo puedo hablar conmigo mismo, no con un
auditorio —dijo lúgubremente el director.

Un poco más tarde, el presidente de la reunión lo tomó
por sorpresa.

—No hemos escuchado aún a nuestro director de investigaciones. No le agradan los discursos formales, pero voy
a pedirle que nos diga algunas palabras.

Fue algo lamentable. El director se puso de pie y no
acertó a decir más que un par de frases. Se disculpó por
no poder extenderse más y en eso consistió toda su contribución.

Estaba allí, ante nosotros, un hombre brillante en
su especialidad y no podríamos haber imaginado a un
hombre más embarazado y confundido. Aquello no ten-

dría por qué haber sucedido. El director podría haber aprendido a hablar de pie, improvisando. No he visto nunca a un miembro de nuestras clases, serio y decidido, que no haya podido lograrlo. Requiere, en el comienzo, lo que no hizo este director de investigaciones: un rechazo firme y decidido de la propia actitud derrotista. Luego, quizá por unos instantes, una resolución tenaz de llevar a cabo la tarea sin tener en cuenta lo dura que pueda parecer.

"Yo salgo del paso perfectamente cuando he preparado mi discurso y lo he practicado con anterioridad." —Puede decirme usted—. "Pero me faltan las palabras cuando me piden que hable sin estar prevenido."

La facultad de coordinar los pensamientos y hablar improvisadamente es aun más importante, en algunos sentidos, que la habilidad de hablar sólo después de una larga y laboriosa preparación. Las exigencias de los negocios modernos y las contingencias actuales que estimulan la comunicación oral, hacen imperativa la capacidad de agilizar rápidamente los pensamientos y verbalizarlos con fluidez. Muchas de las decisiones que afectan a la industria y al gobierno en nuestros días no han sido tomadas individualmente, por un hombre en particular, sino en torno a una mesa de conferencias. El individuo, aun así, tiene su voz y lo que debe decir tiene que ser forzosamente expuesto ante el grupo. Aquí es donde la capacidad de hablar improvisadamente cobra vida y produce sus efectos.

PRIMERO: PRACTIQUE DISCURSOS IMPROVISADOS

Cualquier persona de inteligencia regular, y que posea un poco de dominio de sí misma, puede pronunciar un aceptable —a menudo un brillante— discurso improvisado. Esto, simplemente, quiere decir "espontáneamente". Hay varios modos de que usted pueda perfeccionar su habilidad para expresarse con fluidez cuando le piden de improviso que diga algunas palabras. Uno de los métodos es un invento empleado por algunos famosos actores de la pantalla.

Hace años, Douglas Fairbanks escribió un artículo para la revista American donde describía un juego que él, Charlie Chaplin y Mary Pickford practicaron casi todas las noches durante dos años. Era algo más que un juego. Era una práctica en la más difícil de todas las artes del lenguaje: pensar y expresarse poniéndose de pie. Según escribió Fairbanks, el "juego" consistía en lo siguiente:

Cada uno de nosotros pone el título de un tema en una tira de papel. Luego, doblamos los papeles y los mezclamos. Uno de los tres saca una de las tiras. Inmediatamente, debe ponerse de pie y hablar durante sesenta segundos sobre el tema extraído. Nunca usamos dos veces el mismo tema. Una noche tuve que hablar sobre "pantallas para lámparas". Traten de hacerlo, si les parece fácil. Yo me las arreglé de algún modo.

Pero lo importante es que los tres hemos aguzado cada vez más el ingenio desde que comenzamos con el juego. Sabemos muchísimo más acerca de una variedad de asuntos. Pero, y esto es mucho mejor, estamos aprendiendo a coordinar nuestros conocimientos y nuestras ideas sobre cualquier tema en el mismo instante en que se menciona. Estamos aprendiendo a pensar de pie.

Durante mis cursos, se solicita varias veces a los miembros de las clases que improvisen un discurso. Una larga experiencia me ha enseñado que con este tipo de práctica se consiguen dos cosas: 1) Con ella se demuestra a los alumnos que son capaces de pensar de pie, y 2) Esta experiencia les confiere mucho más confianza y seguridad cuando pronuncian sus discursos preparados con anterioridad. Se dan cuenta de que, si sucediera lo peor, si experimentaran un olvido mientras exponen el material preparado, aún pueden hablar inteligentemente, improvisando, hasta que puedan recuperar otra vez el rumbo perdido.

Por ello, con frecuencia, el alumno oye decir: "Esta noche se asignará a cada uno de ustedes un tema diferente sobre el que deberán hablar. No sabrán de qué se trata hasta que se pongan de pie para comenzar. ¡Buena suerte!"

¿Qué sucede? Un contador se encuentra con que le piden que hable sobre publicidad. Un corredor de publicidad tiene que hablar sobre escuelas de párvulos. El tema de un maestro de escuela puede ser la banca y el de un banquero la enseñanza escolar. A un clérigo puede haberle tocado hablar sobre producción y a un perito en producción exponer los problemas del transporte.

¿Se dan por vencidos? ¡Nunca! No pretenden ser autoridades. Tratan de relacionar sus conocimientos del tema con algo que les es familiar. En sus primeros intentos no pueden pronunciar un discurso notable. Pero, realmente, salen del paso, hablan. Para algunos es fácil, para otros es algo duro, pero no se dan por vencidos, todos descubren que pueden hacerlo mucho mejor de lo que pensaban. Es algo que los deja asombrados. Ven que pueden desarrollar una facultad que no creían poseer.

Yo pienso que si ellos pueden hacerlo, todo el mundo puede hacerlo también —con fuerza de voluntad y confianza— y creo que cuanto más a menudo se trate de hacerlo, más fácil será de hacer.

Otro método que empleamos para enseñar a la gente a hablar de pie es la técnica encadenada de discursos improvisados. Uno de los miembros de la clase comienza a narrar un suceso en los términos más fantásticos que sea capaz de imaginar. Por ejemplo, podría decir: "El otro día estaba piloteando mi helicóptero cuando observé un enjambre de platillos voladores que se aproximaban a mí. Inicié el descenso, pero un hombrecito que volaba en el plato volador más cercano abrió fuego. Yo...".

En este momento, el sonido de una campana señala el término del tiempo del orador, y el miembro de la clase que le sigue debe continuar el relato. Cuando todos los miembros de la clase han contribuido con su parte, la acción puede haber finalizado a lo largo de los canales de Marte o en los pasillos del Congreso.

Este método de desarrollar la facultad de hablar sin preparación previa es un invento admirable como sistema de adiestramiento. Cuanto más lo ponga en práctica, más capacitado estará para hacer frente a las situaciones reales que puedan surgir, cuando tenga que hablar "espontáneamente", en sus negocios, en su vida social.

SEGUNDO: PREPÁRESE MENTALMENTE
PARA HABLAR IMPROVISADAMENTE

Cuando se le solicita que hable sin preparación previa, generalmente se espera que exponga algunos puntos de un tema sobre el que puede hablar con autoridad. El problema que se presenta consiste en considerar la situación y determinar cuánto puede abarcar usted, exactamente, en el escaso tiempo de que dispone. Uno de los medios más adecuados de adquirir la práctica necesaria para hacer frente a tales situaciones consiste en prepararse mentalmente para ellas. Cuando se encuentre en una reunión procure pensar en lo que diría si en ese mismo momento le pidieran que dijese algunas palabras. ¿Qué aspecto de su tema sería el más apropiado para tratar en esa ocasión? ¿Cómo condensaría en una sola frase su acuerdo o desacuerdo con las diversas opiniones expuestas?

Por lo tanto, la primera advertencia que propongo es la siguiente: prepárese mentalmente para hablar en forma improvisada en todas las ocasiones.

Esto requiere reflexión de su parte y la reflexión es una de las cosas más difíciles de lograr. Pero estoy seguro de que jamás nadie pudo llegar a adquirir fama de hábil improvisador si no hubiera dedicado largas horas a analizar cada situación en la que pudiera participar. Del mismo modo que el piloto de un avión está listo para actuar con fría precisión ante cualquier emergencia gracias al continuo planteo de los problemas que pueden surgir a cada momento, el hombre que brilla como improvisador se prepara realizando innumerables discursos que nunca son pronunciados. Tales discursos no son verdaderas "improvisaciones", sino que responden a una preparación general.

Puesto que el tema es conocido, el problema consiste en adaptarse al tiempo disponible y a las circunstancias de la ocasión. Como orador improvisado, usted hablará, naturalmente, apenas unos minutos. Determine qué aspecto de su tema es el adecuado para la ocasión. No se disculpe por no hallarse preparado; es algo que se espera. Aborde su tema tan pronto como sea posible, si es que no puede hacerlo enseguida, y, por favor, se lo ruego, aténgase a la advertencia que sigue.

TERCERO: INTRODUZCA UN EJEMPLO
INMEDIATAMENTE

¿Por qué? Por tres razones: 1) Se verá libre enseguida del difícil problema de pensar en su próxima frase, pues las experiencias se relatan con facilidad, aun cuando uno no se halle preparado. 2) Penetrará en el ritmo del discurso y superará enseguida los primeros momentos de nerviosidad, con lo cual tendrá oportunidad de dar mayor vigor al asunto principal de su discurso. 3) Atraerá de modo inmediato la atención del auditorio. Como se explicó en el capítulo VII, el ejemplo incidental es el método más seguro de captar inmediatamente la atención del público.

Un auditorio absorbido por el interés que despiertan los aspectos humanos de su discurso le otorgará seguridad en el momento en que más la necesita: en los primeros instantes. La comunicación es un proceso que sigue dos caminos; el orador que capta la atención lo advierte inmediatamente. Cuando percibe la actitud receptiva, la expectación del auditorio, como una corriente eléctrica, se siente estimulado a seguir adelante, a dar lo mejor de sí mismo, a responder. La relación establecida de tal modo entre el orador y su público es la clave de toda disertación exitosa; sin ella es imposible una verdadera comunicación. Por eso lo incito a comenzar con un ejemplo, especialmente cuando le piden que pronuncie unas cuantas palabras.

CUARTO: EXPRÉSESE CON ÁNIMO Y VIGOR

Como ya se ha dicho muchas veces en el curso de este libro, cuando usted habla con energía e intensidad, la animación que exterioriza produce un efecto beneficioso en sus procesos mentales. ¿Ha observado usted en el curso de una conversación que de repente un hombre comienza a hacer ademanes mientras habla? Muy pronto se está expresando con fluidez, a veces, brillantemente, y comienza a reunir en su torno a un grupo de oyentes entusiasmados. La conexión entre las actividades físicas y la mente es muy estrecha. Utilizamos las mismas palabras para describir los actos manuales y mentales; por ejemplo, decimos que "atrapamos una idea" o que "nos apoderamos de un pensamiento". Una vez que estamos preparados y animados físicamente, como expresa William James, muy pronto nos encontramos con que nuestra mente está funcionando a un ritmo acelerado. Mi consejo, entonces, es que se deje llevar por sus palabras y con ello asegurará su éxito como orador improvisado.

QUINTO: UTILICE EL PRINCIPIO DE "AQUÍ Y AHORA"

La ocasión llegará cuando alguien lo palmee en el hombro y le diga: "¿Qué tal si nos dice unas palabras?" O bien, podría suceder sin advertencia alguna. Usted está despreocupado, entretenido con las observaciones del maestro de ceremonias, cuando de improviso advierte que está hablando de usted. Todas las miradas giran en su dirección y antes de que pueda darse cuenta ya lo han señalado como el próximo orador.

En tal situación, uno puede comenzar a divagar. Pero en

ese momento, como nunca, es cuando más se debe conservar la calma. Puede encontrar un momento de pausa mientras se dirige a usted el maestro de ceremonias. Lo mejor que puede hacer entonces es relacionar sus palabras lo más estrechamente posible con la gente que asiste a la reunión. Los auditorios se interesan en sí mismos y en lo que hacen. Existen tres fuentes, por lo tanto, de las que puede extraer ideas para un discurso improvisado.

Primero: El auditorio mismo. Recuerde esto, se lo ruego, para poder hablar con facilidad. Hable sobre sus oyentes, sobre lo que son, sobre lo que hacen, especialmente sobre los valores específicos que representan para su comunidad, o para la humanidad en general. Emplee un ejemplo específico.

Segundo: La ocasión. Usted podrá extenderse seguramente sobre las circunstancias que han originado la reunión. ¿Es un aniversario, un homenaje, una reunión anual, una fecha patriótica o política?

Tercero: Si usted ha escuchado con atención, puede expresar su agrado por las palabras de un orador anterior y ampliar sus conceptos. Los discursos improvisados que logran mayor éxito son aquéllos realmente improvisados. Expresan los sentimientos del orador sobre el auditorio y las circunstancias que originan la reunión. Se adaptan a la situación como un guante a la mano. Están elaborados para esa ocasión, sólo para esa ocasión. Allí reside la razón de su éxito: florecen en ese mismo instante, y luego, como rosas tardías, se marchitan en el mismo escenario. Pero el placer experimentado por el auditorio persiste, y antes de que pueda darse cuenta, comienzan a considerarlo un hábil improvisador.

SEXTO: NO IMPROVISE UN DISCURSO. ¡HABLE IMPROVISADAMENTE!

Existe una diferencia implícita entre las dos frases anteriores. No es suficiente divagar, enhebrando una serie de cosas insustanciales con un endeble hilo de inconsecuencias. Usted debe conservar sus ideas agrupadas lógicamente en torno a un pensamiento central, que bien podría ser el punto que tiene intención de exponer. Sus ejemplos deben concordar con esta idea central. Y, nuevamente, si usted habla con entusiasmo, descubrirá que lo que expresa tan familiarmente posee una vitalidad y una fuerza que no contienen sus discursos preparados.

Usted puede llegar a ser un competente orador, capaz de improvisar, si acepta sinceramente algunas de las sugestiones ofrecidas aquí. Puede practicar sobre la base de las técnicas empleadas en nuestras clases y que se explican en las primeras páginas de este capítulo.

En toda reunión, puede hacer un breve plan preliminar y no perder de vista la idea de que pueden llamarlo en cualquier momento. Si cree que pueden pedirle que ofrezca sus comentarios o sugestiones, preste especial atención a lo que digan los demás oradores. Procure estar listo para condensar sus ideas en unas cuantas palabras. Cuando llegue el momento, exprese lo que lleva en su mente de la manera más llana que le sea posible. Su opinión ha sido solicitada. Exprésela brevemente y siéntese.

Norman Bel-Geddes, el arquitecto y diseñador industrial, acostumbraba decir que no podía expresar sus pensamientos con palabras a menos que estuviera de pie. Caminando a lo largo y a lo ancho de su despacho, mientras hablaba con los socios sobre complejos planes de edificación, era como se encontraba mejor. Tenía que aprender a hablar sentado en su escritorio, y, por supuesto, así lo hizo.

Con la mayoría de nosotros, ocurre todo lo contrario; tenemos que aprender a hablar de pie, y podemos hacerlo. El secreto fundamental reside en hacer un primer intento —dar un corto discurso— y luego hacer otro, y otro, y otro más.

Descubriremos, a cada discurso sucesivo, que podemos hablar con mayor facilidad. Cada discurso será mejor que los anteriores. Tenemos que darnos cuenta de que improvisar ante un grupo es solamente una extensión de lo que hacemos cuando hablamos con unos cuantos amigos reunidos en nuestra casa.

RESUMEN DE LA TERCERA PARTE

EL PROPÓSITO DE LOS DISCURSOS PREPARADOS E IMPROVISADOS

VII. HACER QUE UN CORTO DISCURSO PRODUZCA ACCIÓN

1. Ofrezca su ejemplo, un incidente de su vida.
   Fundamente su ejemplo sobre una simple experiencia personal.
   Comience su discurso con un detalle de su ejemplo.
   Llene su ejemplo con detalles importantes.
   Vuelva a vivir su experiencia mientras la relata.
2. Enuncie su objeto, cómo pretende usted que actúe el auditorio.
   Abrevie y especifique su objeto.
   Procure que su objeto sea fácil de llevar a cabo por quienes lo escuchan.
   Exprese su objeto con energía y convicción.
3. Manifieste la razón o el beneficio que puede esperar el auditorio.
   Asegúrese de que la razón guarde relación con el ejemplo.
   Asegúrese de poner énfasis en una razón, una solamente.

VIII. EL DISCURSO INFORMATIVO

1. Limite su tema para ajustarse al tiempo de que dispone.
2. Ordene sus ideas una tras otra.
3. Enumere sus puntos a medida que los expone.
4. Compare lo desconocido con lo familiar.
   Transforme los hechos en imágenes.
   Evite los términos técnicos.
5. Emplee apoyos visuales.

IX. EL DISCURSO PARA CONVENCER

1. Gane confianza mereciéndola.
2. Obtenga una respuesta afirmativa.
3. Hable con un entusiasmo contagioso.
4. Muestre respeto y afección por su auditorio.
5. Empiece en forma amigable.

X. EL DISCURSO IMPROVISADO

1. Practique discursos improvisados.
2. Prepárese mentalmente para hablar improvisadamente.
3. Introduzca un ejemplo inmediatamente.
4. Exprésese con ánimo y vigor.
5. Utilice el principio de "aquí y ahora".
6. No improvise un discurso. ¡Hable improvisadamente!

CUARTA PARTE

El arte de la comunicación

El capítulo que forma esta parte ha sido dedicado enteramente al estudio del modo de expresarse.

Aquí, una vez más, se recalcan los fundamentos de la efectividad en el uso de la palabra, como ya se trató someramente en la Primera Parte de este libro. La expresividad es el merecido fruto del profundo anhelo de comunicarse con el auditorio. Sólo de esta manera la expresión logrará ser espontánea y natural.

XI

PRONUNCIANDO EL DISCURSO

¿Puede creerlo usted? Existen sólo cuatro medios, y solamente cuatro, mediante los cuales nos ponemos en contacto con el mundo. Somos valorados y clasificados por esos cuatro contactos: lo que hacemos, lo que parecemos, lo que decimos y cómo lo decimos.

Cuando comencé a impartir mis clases, empleaba gran parte del tiempo en ejercicios vocales para que la voz adquiriera mayor sonoridad, para conseguir mayor extensión entre las pausas, para mejorar la agilidad de las inflexiones. Pero esto no duró mucho tiempo; comencé a darme cuenta de la extrema futilidad de enseñar a personas adultas a proyectar los sonidos sobre los senos superiores y a formar vocales "líquidas". Todo esto es muy conveniente para aquellos que puedan dedicar tres o cuatro años a perfeccionarse en el arte de la expresión vocal. Me di cuenta de que mis alumnos tendrían que arreglarse con las condiciones vocales con que habían nacido. Descubrí que el tiempo y la energía desperdiciados anteriormente para enseñar a los alumnos a "respirar diafragmáticamente" podían ser empleados para los objetivos más importantes de liberarlos de sus inhibiciones y de la resistencia general a expresarse con soltura; advertí que de esa manera podría alcanzar rápidamente resultados positivos, resultados verdaderamente sorprendentes. Agradezco a Dios que me diera el buen tino de obrar como lo hice.

PRIMERO: ROMPA EL CAPARAZÓN
DE LA TIMIDEZ

En mi curso se dedican varias sesiones a liberar a los adultos de sus fuertes tensiones. Caigo literalmente de rodillas para implorar a los miembros de mi clase que salgan de su caparazón, que descubran por sí mismos que el mundo los tratará cordialmente y les dará su bienvenida cuando lo hagan. Cuesta algo hacerlo, lo admito, pero vale la pena. Como dice el mariscal Foch sobre el arte de la guerra, "es bastante simple en su concepción, pero, desgraciadamente, bastante complicada en su ejecución". El mayor tropiezo, por supuesto, es la rigidez, no sólo en el orden físico, sino también en el mental.

No es fácil ser natural ante un auditorio. Los actores lo saben. En su niñez, digamos, a los cuatro años, usted podría haber subido a un escenario y haber hablado, probablemente, con toda naturalidad ante un auditorio. Pero cuando uno tiene veinticuatro, o cuarenta y cuatro años, ¿qué sucede si sube a un estrado y comienza a hablar? ¿Conserva aún esa naturalidad inconsciente que poseía a los cuatro años? Es posible, pero puede apostarse uno contra cien a que usted se pondrá tieso y hablará de un modo altisonante y mecánico, y se meterá en su caparazón como una tortuga.

El problema de enseñar o de adiestrar a personas adultas en el modo de expresarse no consiste en agregar características adicionales; consiste, más bien, en remover los obstáculos, en lograr que se expresen con la misma naturalidad con que lo harían si alguien fuera a hacerlos rodar por el suelo.

Cientos de veces he detenido a oradores en medio de su discurso y les he implorado que hablasen "como un ser humano". Cientos de noches he regresado a mi casa con la mente fatigada, con los nervios agotados, después de haber intentado enseñar a mis alumnos a expresarse naturalmente. No, créame, no es tan fácil como parece.

En una de las sesiones de mi curso solicité a la clase que representara algunos fragmentos de diálogos, varios de ellos en dialecto. Les pedí que se abandonaran a sí mismos en esos episodios teatrales. Cuando lo hicieron, descubrieron con asombro que, aunque habían estado fingiendo, en ningún momento se habían sentido mal. La clase también quedó impresionada ante la habilidad escénica desplegada por algunos de sus miembros. Lo que quería probar es lo siguiente: cuando uno ha llegado a actuar así frente a un grupo, probablemente no retrocederá en el momento en que tenga que expresar sus opiniones con las palabras cotidianas, ya sea ante individuos o ante grupos de gente.

El súbito sentimiento de libertad que se experimenta es parecido al que debe sentir un pájaro al remontar vuelo después de haber estado encerrado en una jaula. Puede verse cuál es el motivo de que la gente se congregue en los cines y teatros: allí ven a sus semejantes actuar con muy poca o con ninguna inhibición; allí ven a la gente expresar sus emociones con la máxima sinceridad.

SEGUNDO: NO TRATE DE IMITAR A OTROS; SEA USTED MISMO

Todos admiramos a los oradores que pueden dramatizar su discurso, que no tienen miedo de expresarse, que no temen emplear el único, particular e ingenioso medio de decir lo que tienen que decir al auditorio.

Poco después del fin de la Primera Guerra Mundial, me encontré en Londres con dos hermanos, Sir Ross y Sir Keith Smith. Acababan de efectuar el primer vuelo en avión desde Londres a Australia para ganar el premio de cincuenta mil dólares ofrecido por el gobierno australiano. Su hazaña causó gran sensación en todo el Imperio Británico y habían sido condecorados por el rey.

El capitán Hurley, un conocido fotógrafo artístico, había volado con ellos para filmar durante una parte del viaje. Los ayudé entonces a preparar una disertación ilustrada sobre el vuelo y los adiestré en la forma de expresarse convenientemente. Presentaron su conferencia dos veces al día durante cuatro meses en la sala Filarmónica de Londres; uno hablaba por la tarde y el otro por la noche.

Habían tenido exactamente las mismas experiencias, habían volado juntos, uno al lado del otro, en su viaje alrededor de medio mundo, y pronunciaban el mismo discurso, casi palabra por palabra. Sin embargo, por alguna razón, no parecía, de ningún modo, que se tratara del mismo discurso.

Junto a las meras palabras, hay algo que gravita en un discurso. Es el tono especial con el que se pronuncia. No importa tanto lo que uno dice, sino la forma en que lo dice.

Brulloff, el gran pintor ruso, corrigió una vez el ejercicio de un alumno. El estudiante pareció asombrarse ante el dibujo modificado y exclamó: "Cómo apenas le ha dado un pequeño toque y esto es algo completamente distinto". Brulloff respondió "el arte comienza en los pequeños toques". Esto es tan válido para hablar en público, como para la pintura o una ejecución de Paderewski.

Lo mismo sucede en lo tocante a las palabras. Según un antiguo dicho del Parlamento inglés todo depende de la manera en que uno habla y no del asunto sobre el cual está hablando. Quintiliano lo dijo hace ya mucho tiempo, cuando Inglaterra era una de las distantes colonias de Roma.

"Todos los Fords son exactamente iguales", acostumbran decir sus fabricantes, pero no existen dos personas idénticas. Cada nueva vida es algo nuevo bajo la luz del sol; nunca antes ha existido otra igual, y nunca existirá después. Una persona joven tendría que pensar eso de sí mismo; tendría que buscar la chispa de individualidad que lo diferencia de los otros y desarrollar individualidad en todo lo que sea de valor para él. La sociedad y las escuelas pueden tratar de despojarlo de ella; tienden a ponernos a todos dentro del mismo molde, pero no permita que se apague esa chispa, que es el único título que realmente posee importancia para usted.

Todo ello es doblemente cierto en lo que se refiere a

hablar eficazmente. No existe en el mundo otro ser humano como usted. Cientos de millones de personas tienen dos ojos, una nariz y una boca, pero ninguna de ellas es idéntica a usted, ninguna posee sus mismos rasgos, ni sus mismas actitudes, ni su misma forma de pensar. Muy pocas hablarán y se expresarán como usted lo hace cuando está hablando naturalmente. En otras palabras, usted posee una individualidad. Como orador, es su más preciada posesión. Aférrese a ella. Foméntela. Desarróllela. Es la chispa que pondrá fuerza y sinceridad en sus palabras. "Es el único título que realmente posee importancia para usted". Por favor, se lo ruego, no intente introducirse a la fuerza en un molde y perder así sus características distintas.

TERCERO: CONVERSE CON SU AUDITORIO

Permítame ofrecerle una ilustración que es un ejemplo típico de cómo hablan miles de personas. En una ocasión tuve que hacer un alto en Murren, un refugio veraniego situado en los Alpes suizos. Residía en un hotel administrado por una compañía londinense que por lo general enviaba desde Inglaterra dos conferenciantes cada semana para que hablaran ante los huéspedes. Uno de ellos fue una conocida novelista inglesa. Su tema: "El futuro de la novela". Admitió que no había seleccionado el tema por sí misma y el resultado era que no tenía nada que decir sobre el asunto, nada que tuviera interés y que valiera la pena expresar. Había tomado, apresuradamente, algunos apuntes sumamente vagos y se puso de pie ante el auditorio, ignorando a sus oyentes, sin mirarlos siquiera, atisbando, de cuando en cuando, por encima de sus cabezas, mirando unas veces las notas, otras el suelo. Sus palabras caían en el vacío original, su mirada estaba perdida en la lejanía y también el timbre de su voz.

Éste no es, de ninguna manera, el modo de pronunciar un discurso. Es un soliloquio. No tiene sentimiento de comunicación. Y ahí está la esencia de un buen discurso: en el sentimiento de comunicación. El auditorio debe sentir la presencia de un mensaje que surge directamente de la mente y el corazón del orador y que se dirige a las mentes y los corazones de sus oyentes. Un discurso tal como el que acabo de describir podría haber sido pronunciado igualmente en las arenosas y áridas vastedades del desierto de Gobi. En efecto, parecía pronunciado en un paraje semejante, no ante seres humanos.

Una enorme cantidad de disparates y frases sin sentido han sido escritas sobre el modo de expresarse. Se le ha dado un carácter misterioso, con apariencia de reglas y de ritos. La anticuada "declamación" ha dado lugar, con frecuencia, a formas ridículas de expresarse. El hombre de negocios, en la biblioteca o la librería, ha encontrado volúmenes sobre "oratoria" que resultaron completamente inútiles. A pesar del progreso en otros sentidos, hoy en día, en casi todos los Estados de la Unión, los escolares se ven obligados a recitar la aparatosa "oratoria" de los "oradores", algo tan pasado de moda como las plumas de ave para escribir.

Una escuela de oratoria totalmente nueva ha surgido a partir de la segunda década de este siglo. Estrechamente unida al espíritu de la época, es tan moderna y práctica como el automóvil, tan directa como un telegrama, tan comercial como un aviso publicitario. Los arrebatos verbales, que en otro tiempo estuvieron en boga, no serían tolerados por el público de nuestros días.

Un auditorio moderno, ya esté compuesto de quince personas, en una reunión de negocios, o de un millar, dentro de un pabellón, quiere que el orador se exprese tan directamente como lo haría en una charla, y de la misma manera en que conversaría con uno de ellos en particular, de la misma manera, pero con mayor fuerza y energía. Para parecer natural, el orador tiene que emplear mucha más energía cuando habla ante cuarenta personas que cuando habla con una, del mismo modo que una estatua situada en la parte superior de un edificio debe tener grandes dimensiones para que parezca del tamaño natural al que la observa desde la calle.

Al finalizar una de las conferencias de Mark Twain en un campo minero de Nevada, un viejo explorador se aproximó a él y le preguntó si ésa era su manera natural de expresarse.

Eso es lo que pretende de usted su auditorio: "su manera natural de expresarse", pero un poco acentuada.

La práctica es el único medio de adquirir destreza para acentuar su naturalidad, y si mientras está practicando descubre que sus palabras son altisonantes, haga una pausa y dígase a sí mismo, severamente: "¡Un momento! ¿Qué es lo que no marcha? ¡Despierta! ¡Habla como un ser humano!" Entonces escoja mentalmente a un miembro del auditorio, alguien que esté en las últimas filas o la persona menos atenta que pueda encontrar, y hable con ella. Converse con esa persona. Imagine que le ha hecho una pregunta y que usted tiene que responderle, y que usted es el único que puede responderle. Si esa persona estuviera de pie, dirigiéndole la palabra, y usted le contestara, ese proceso, de manera inmediata e inevitable, haría que sus palabras fueran más naturales y directas, que tuvieran el tono de una conversación. Por lo tanto, imagínese que es eso, precisamente, lo que sucede.

En efecto, usted puede hacer preguntas y contestarlas usted mismo. Por ejemplo, en medio de su discurso puede decir: "Y ustedes me preguntan ¿cómo puedo probar mi afirmación? Tengo las pruebas necesarias y son éstas..." Entonces proceda a responder a su pregunta. Esta clase de procedimientos pueden realizarse con toda naturalidad. Romperán la monotonía del discurso; lo harán directo, agradable, le darán el tono de una conversación.

Hable en la Cámara de Comercio como si lo hiciera con Juan Pérez. Después de todo, ¿qué es una reunión en la Cámara de Comercio, si no una colección de Juanes Pérez? Los métodos que se emplean al tratar con esos hombres individualmente, ¿no tendrán acaso el mismo éxito cuando los empleamos para tratarlos en forma colectiva?

En las primeras páginas de este capítulo se describió el modo de expresarse de cierta novelista. En el mismo salón en que ella había hablado, pocas noches más tarde, tuve el placer de escuchar a Sir Oliver Lodge. Su tema era: "Átomos y mundos". Sir Oliver Lodge había dedicado más de medio siglo a pensar y estudiar, a experimentar e investigar tales cuestiones. Había algo que formaba parte esencial de su corazón, su mente y su vida, algo que tenía muchos deseos de expresar. Olvidó que estaba tratando de pronunciar un "discurso". Ésa era la menor de sus preocupaciones. Sólo le interesaba hablarnos sobre los átomos, hablarnos correctamente, con lucidez y sentimiento. Trataba, sinceramente, de hacernos ver lo que él veía, de hacernos sentir lo mismo que él sentía.

¿Y cuál fue el resultado? Pronunció un discurso extraordinario, un discurso que poseía fuerza y encanto. Nos produjo una profunda impresión. Su habilidad como orador era poco común. Pero estoy seguro de que él mismo no se consideraba como tal. Estoy seguro de que pocas personas que lo hayan escuchado alguna vez piensen en él como un orador profesional.

Si usted habla en público de tal modo que la gente que lo escucha pueda pensar que lo han adiestrado para hacerlo, no será ningún dechado para su instructor, en especial si se trata de uno de los instructores que dictan mis cursos. El deseo de su instructor es que usted se exprese con tal naturalidad que su auditorio nunca pueda soñar que lo han adiestrado "formalmente". Una buena ventana no atrae la atención, simplemente permite la entrada de la luz. Un buen orador es así. Muestra tanta naturalidad que sus oyentes nunca reparan en su manera de hablar, sólo tienen conciencia del mensaje de su discurso.

CUARTO: PONGA EL CORAZÓN EN SUS CHARLAS

Sinceridad, entusiasmo y una profunda fe le serán también de gran ayuda. Cuando un hombre se encuentra bajo la influencia de sus sentimientos, su ser real sale a la superficie. Los obstáculos son derribados. El fuego de sus emociones ha quemado todas las barreras. Actúa espontáneamente. Habla espontáneamente. Tiene naturalidad.

Al fin y al cabo, aun en lo que se refiere al modo de expresarse, vuelve a aparecer una vez más lo que ha sido ya señalado especialmente, una y otra vez en las páginas de este libro: ponga el corazón en sus charlas.

"Nunca olvidaré —decía el deán Brown en sus conferencias doctrinales pronunciadas en la Universidad de Yale— la descripción que me ofreció un amigo sobre un oficio religioso al que asistió una vez en la ciudad de Londres. El predicador era George Mac Donald; leía esa mañana como ejemplo de las Escrituras el undécimo capítulo de los Hebreos. Cuando llegó el momento del sermón dijo lo siguiente: 'Todos han escuchado lo que acabo de leer sobre la fe de estos hombres. No trataré de decirles en qué consiste la fe. Hay profesores de teología que podrían hacerlo mucho mejor que yo. Yo estoy aquí para ayudarles a creer'. Luego siguió con una expresión tan simple, tan sentida y sublime de su propia fe en aquellas realidades que son eternas, que hizo surgir la fe en las mentes y los corazones de todos los que lo escuchaban. Su corazón estaba en su labor, y su manera de expresarse era eficaz, porque se apoyaba en la genuina belleza de su propia vida interior."

"Su corazón estaba en su labor." Ése es el secreto. Sin embargo sé que una advertencia como ésta no tiene mayor efecto. Parece una idea vaga, indefinida. Las personas, por lo general, quieren reglas bien comprobadas, algo definido, algo que puedan palpar, reglas tan precisas como las necesarias para conducir un coche.

Esto es lo que quiere la gente, esto es lo que yo querría ofrecerle. Sería fácil para ella y fácil para mí. Existen tales reglas, pero tienen un pequeño defecto: no son de ninguna utilidad. Despojan al orador de toda su naturalidad y espontaneidad, sus palabras pierden vida y sustancia. Lo sé. En mi juventud, me hicieron gastar gran parte de mis energías. No aparecerán en estas páginas, pues, como observa Josh Billings en uno de sus momentos más brillantes: "No hace ninguna falta conocer tantas cosas que no son ciertas".

Edmund Burke redactó discursos tan excepcionales en su estructura lógica y en su composición que aún hoy en día son estudiados como modelos clásicos de oratoria; no obstante, Burke, como orador, fue un fracaso notorio. No tuvo la capacidad necesaria para transmitir sus joyas oratorias, para dotarlas de interés y vigor; por eso lo llamaban "la campana de la comida", en la Cámara de los Comunes. Cuando se levantaba para hablar, los otros miembros tosían —y se excusaban—, se disponían a dormir o salían en tropel.

Usted puede arrojar una bala forrada de acero con todas sus fuerzas contra un hombre y acaso ni siquiera deje una marca sobre su ropa. Pero ponga pólvora tras una vela de sebo y podrá dispararla a través de una tabla de pino. Muchos discursos hechos con pólvora tras una vela de sebo causan más impresión, lamento decirlo, que discursos forrados de acero sin fuerza ni entusiasmo que los empujen.

QUINTO: PRACTIQUE HACIENDO SU VOZ FUERTE Y FLEXIBLE

Cuando estamos comunicando realmente nuestras ideas a nuestros oyentes, empleamos numerosos elementos físicos y vocales. Encogemos los hombros, movemos los brazos, fruncimos el ceño, aumentamos el volumen de la voz, cambiamos el tono y la inflexión, y hablamos más fuerte o más despacio según lo dicten la ocasión y el asunto. Conviene recordar que éstos son efectos, y no causas. La variación de las modulaciones se encuentra bajo la directa influencia de nuestro estado mental y emocional. Por ello es tan importante que tengamos un tema bien conocido para hablar, un tema que nos estimule cuando nos hallemos frente a un auditorio. Por esa razón, debemos ansiar compartir nuestros conocimientos con nuestro público.

Aunque la mayoría de nosotros ama la espontaneidad y la naturalidad de la juventud, a medida que envejecemos tendemos a adquirir cierta rigidez en nuestras formas de comunicación, ya sea en las palabras o en los gestos. Nos encontramos menos preparados para emplear gestos y ademanes; difícilmente elevamos o bajamos el tono de nuestra voz. En resumen, perdemos la frescura y la espontaneidad de la verdadera conversación. Podemos adquirir la costumbre de hablar con demasiada lentitud o con excesiva rapidez, y nuestra dicción, a menos que la cuidemos atentamente, tiende a ser áspera y descuidada. Repetidas veces, en el curso de este libro, se le ha aconsejado que obre con naturalidad, y usted podría suponer que yo, por lo tanto, disculpo la pobreza del lenguaje o la manera monótona de expresarse, dado que son naturales. Por el contrario, digo que debemos ser naturales en lo que respecta a la expresión de nuestras ideas, a su expresión enérgica y fogosa. Por otra parte, ningún buen orador se puede considerar incapaz de aumentar la riqueza de su vocabulario, su imaginación y su lenguaje, el vigor y la diversidad de sus expresiones. Existen campos en los cuales todo aquel que se halle interesado en su propio progreso procurará perfeccionarse.

Es una excelente idea determinar las aptitudes propias en lo que respecta al volumen, variaciones de tono y ritmo de la dicción. Es algo que puede hacerse con la ayuda de un grabador de cinta. Además, sería conveniente que algunos amigos le ayuden a realizar esa valoración. Si es posible procurarse la opinión de un perito, tanto mejor. Debe recordarse, sin embargo, que la práctica en estos campos no debe ser realizada frente al auditorio. Preocuparse por las técnicas cuando esté frente al público sería fatal para la eficacia del discurso. Una vez allí, sumérjase en el tema, concentre todo su ser en lograr un impacto mental y emocional sobre su auditorio, y nueve veces de cada diez hablará con un énfasis y una energía que nunca hubiera adquirido en ningún libro.

RESUMEN DE LA CUARTA PARTE

EL ARTE DE LA COMUNICACIÓN

XI. PRONUNCIANDO EL DISCURSO

1. Rompa el caparazón de la timidez.
2. No trate de imitar a otros; sea usted mismo.
3. Converse con su auditorio.
4. Ponga el corazón en sus charlas.
5. Practique haciendo su voz fuerte y flexible.

QUINTA PARTE

El desafío del discurso eficaz

En esta parte relacionamos los principios y las técnicas expuestas en el curso del libro con las situaciones cotidianas, desde la conversación social hasta la alocución pública.

Consideramos que usted va a pronunciar pronto un discurso aunque no haya sido entrenado para ello. Puede pertenecer a uno de estos dos tipos: una presentación de otro orador o un discurso de mayor extensión. Por tal razón, incluimos un capítulo donde se trata del discurso de presentación y otro que se refiere a la preparación de discursos más extensos, desde la introducción hasta el final.

En el último capítulo se recalca especialmente, una vez más, que los principios expuestos en este libro son en la vida cotidiana de la misma utilidad que en toda situación pública.

XII

INTRODUCCIÓN DE ORADORES, PRESENTANDO Y ACEPTANDO PREMIOS

Cuando se le pide que hable en público, tal vez tenga que introducir a otro orador, o pronunciar un discurso más extenso que tenga por objeto informar, entretener, convencer o persuadir. Quizá sus funciones consistan en presidir los actos de una organización cívica o tal vez sea miembro de un club de mujeres y tenga que afrontar el problema de presentar a la oradora principal en su próxima reunión, o puede ser que esté esperando el momento de dirigir la palabra en su organización de ventas, en una junta o ante un grupo político. En el capítulo XIII le haré algunas sugerencias sobre la preparación de discursos más extensos; en el presente lo ayudaré a preparar un discurso de presentación. Le haré también algunas sugerencias valiosas sobre la manera de ofrecer y aceptar recompensas.

John Mason Brown, escritor y conferenciante, cuyas vívidas charlas conquistaron a los auditorios de todo el país, estaba hablando una noche con el hombre que iba a presentarlo a su auditorio.

"Deje de preocuparse por lo que va a decir —dijo el individuo a Brown—. Esté tranquilo. No creo en los discursos preparados; no, la preparación no lleva a nada bueno. Despoja de su encanto a la cosa, le quita viveza. Yo espero que me venga la inspiración cuando me pongo de pie y nunca me falta".

Estas tranquilizadoras palabras permitieron a Brown esperar una hermosa presentación, como recuerda en su libro Acostumbrado como estoy. Pero cuando el hombre se dispuso a presentarlo, dijo lo siguiente:

Caballeros, ¿puedo solicitar vuestra atención, por favor? Tenemos malas noticias para ustedes. Queríamos que Isaac F. Marcosson les hablara esta noche, pero no ha podido venir. Está enfermo. (Aplausos.) Luego solicitamos la presencia del senador Bledridge para que les dirigiera la palabra... pero estaba ocupado. (Aplausos.) Finalmente procuramos en vano que viniese el doctor Lloyd Grogan de Kansas City. (Aplausos.) De modo que, en lugar de ellos, tenemos entre nosotros a John Brown. (Silencio.)

El señor Brown, recordando este desastre, dijo: "Al menos mi inspirado amigo pronunció mi nombre correctamente".

Puede verse que este hombre, tan seguro de su inspiración, no podría haber hecho las cosas mucho peor si hubiera tratado. Su presentación violaba sus obligaciones para con el orador que debía presentar y para con el público que iba a escucharlo. No existen numerosas obligaciones de esta naturaleza, pero tienen importancia, y es asombroso ver cuántos maestros de ceremonias no se dan cuenta de ellas.

El discurso de introducción responde al mismo propósito de una presentación social. Une al orador con el auditorio, crea una atmósfera amistosa y establece un lazo de interés entre ellos. La persona que dice: "Usted no tiene que pronunciar un discurso, todo lo que tiene que hacer es presentar al orador", falsea la verdad. Ningún discurso sufre más mutilaciones que el discurso de presentación, probablemente porque numerosos maestros de ceremonias, a quienes se ha confiado la tarea de prepararlo y pronunciarlo, no lo creen importante.

Una introducción tendría que hacernos penetrar en el tema hasta el punto de hacernos querer escuchar la exposición de éste. Debería mostrarnos las realizaciones del orador, que demuestran su competencia para exponer ese tema en particular. En otras palabras, una presentación tiene que "vender" el tema al auditorio y "vender" también al orador, y debe lograr esos objetivos con la mayor brevedad posible.

Eso es lo que debería hacer. ¿Pero lo hace? Nueve veces de cada diez, no; rotundamente, no. La mayoría de las presentaciones son pobres, débiles e imperdonablemente inadecuadas. Esto no debe suceder. Si el orador que hace la presentación llega a advertir la importancia de su tarea y procura llevarla a cabo de manera correcta, pronto será requerida su colaboración para dirigir reuniones, o como maestro de ceremonias.

Aquí se ofrecen algunas sugestiones para ayudarlo a organizar convenientemente un discurso de presentación.

PRIMERO: PREPARE CUIDADOSAMENTE TODO LO QUE VAYA A DECIR

Aunque el discurso de presentación es limitado, pues difícilmente pasa de un minuto, exige una cuidadosa preparación. En primer lugar deben reunirse los hechos a exponer. Éstos pueden referirse a tres puntos principales: el tema del discurso, la competencia del orador en lo que respecta a dicho tema y el nombre del orador. Con frecuencia, puede aparecer un cuarto punto: el motivo, en virtud del cual el tema elegido posee especial interés para el auditorio.

Asegúrese de que conoce el título correcto del discurso y algunos detalles sobre la forma en que el orador va a encarar el tema. Nada resulta más embarazoso que el hecho de que un orador se sienta agraviado por la presentación y niegue parte de ella como una falsa apreciación del enfoque del tema. Esto puede obviarse si procuramos saber, con seguridad, en qué consiste el tema a exponer y si nos abstenemos de predecir lo que dirá después el orador. Pero su deber al presentar a un orador exige que usted dé el título del discurso correctamente y muestre la importancia que posee para los intereses del auditorio. Si es posible, procure que el mismo orador le facilite la información. Si tiene que obtenerla de un tercero, un maestro de ceremonias por ejemplo, trate de que se la den por escrito y revísela con el orador antes del comienzo de la reunión.

Pero es posible que la mayor parte de su preparación consista en informarse sobre los hechos que demuestran las cualidades del orador. En ciertos casos, si se trata de alguien bien conocido, podrá obtener una lista apropiada en Quién es quién o alguna obra parecida. En un plano local, puede apelarse a las relaciones públicas, a la oficina de personal de la empresa en que el orador trabaja, o bien, en algunos casos, puede verificar los hechos mediante el concurso de un íntimo amigo o un miembro de la familia. La idea central consiste en obtener los datos biográficos correctamente. Las personas amigas del orador le proveerán complacidas el material necesario.

Naturalmente, demasiados datos pueden llegar a ser fastidiosos, especialmente la mención de grados menores implicados en algún grado superior. Es superfluo decir, por ejemplo, que un individuo recibió el título de bachiller cuando se indica que es Doctor en Filosofía. Igualmente, es mejor indicar las más altas posiciones alcanzadas por una persona en época reciente que enumerar todas las obtenidas desde que dejó la universidad. Sobre todo, no pase por alto los éxitos más notables logrados en la carrera de un individuo en lugar de los menos importantes.

Por ejemplo, cierta vez escuché cómo un conocido orador presentaba al poeta irlandés W. B. Yeats. Yeats tenía que leer sus propias poesías. Tres años antes, había sido recompensado con el premio Nobel de literatura, la máxima distinción que puede concederse a un hombre de letras. Estoy seguro de que ni siquiera el diez por ciento de ese auditorio tenía conocimiento del premio o de su significado.

Era imprescindible que ambas cosas hubieran sido mencionadas. Tendrían que haberse anunciado, aunque nada más se hubiera dicho. Pero ¿qué hizo el orador que debía presentar el poeta? Ignoró absolutamente tales hechos, y se desvió del asunto hablando de mitología y poesía griega.

Asegúrese, sobre todo, de que conoce el nombre del orador y comience enseguida a familiarizarse con su pronunciación. John Mason Brown dice que lo han presentado como John Brown Mason e incluso como John Smith Mason. En su delicioso ensayo "Tenemos con nosotros esta noche", Stephen Leacock, el distinguido humorista canadiense, se refiere a la manera en que lo presentaron en cierta oportunidad. El orador dijo así:

Muchos de nosotros hemos gozado anticipadamente esperando la llegada del señor Learoyd. A través de sus libros nos parecía reconocerlo ya como un viejo amigo. En realidad, creo que no exagero al decirle al señor Learoyd que su nombre ha llegado a ser un término familiar en nuestra ciudad. Siento, verdaderamente, un gran placer al presentarlo, señor Learoyd.

El propósito principal de sus averiguaciones es el de especificar, pues solamente así la introducción logrará su objetivo: un auditorio receptivo y atento a las palabras del orador. La persona que llega escasamente preparada a presidir una reunión suele aparecer con algo tan vago y soporífero como esto:

Nuestro orador es reconocido en todas partes como una autoridad en..., en... el tema de su discurso. Nos interesa mucho escuchar lo que tiene que decirnos sobre este tema, porque ha venido desde... desde muy lejos. Me causa un gran placer presentar a... veamos ahora... —oh, aquí está— al señor Blanck.

Con poco tiempo que dedique a prepararse usted podrá evitar la mala impresión que produce una presentación semejante al orador y al auditorio.

SEGUNDO: SIGA LA FÓRMULA T-I-O

En la mayoría de las presentaciones, la fórmula T-I-O sirve como una guía práctica para organizar los datos que usted debe reunir en su investigación:

1. T significa Tema. Dé comienzo a su presentación con el título exacto del discurso.

2. I significa Importancia. En este paso deberá relacionar el tema con los intereses particulares del grupo.

3. O significa Orador. Ahora debe enumerar las cualidades sobresalientes del orador, en especial las que guardan relación con su tema. Finalmente, diga el nombre de éste con la máxima claridad.

Esta fórmula le ofrece innumerables oportunidades para que emplee su imaginación. El acto de presentar al orador no debe llevarse a cabo con frialdad e indiferencia. He aquí un ejemplo de presentación que sigue los pasos de la fórmula sin ofrecer, en ningún momento, la impresión de una fórmula. Nos lo dio un editor neoyorquino, Homer Thorne, al presentar a George Wellbaum, ejecutivo de una Compañía Telefónica de Nueva York, a un grupo de periodistas:

El tema de nuestro orador será "El teléfono está a su servicio".

Creo que uno de los mayores misterios del mundo —como el amor, y la constancia de los jugadores de carreras— es el misterio que encierra una llamada telefónica.

¿Por qué nos dan número equivocado? ¿Por qué, a veces, una comunicación entre Nueva York y Chicago se consigue más rápidamente que otra entre dos ciudades cercanas? Nuestro orador conoce las respuestas, y el resto de los problemas telefónicos. Durante veinte años, su labor ha consistido en estudiar toda clase de detalles sobre el problema de los teléfonos y explicárselos claramente a los demás. Se trata de un ejecutivo de una compañía telefónica que se ha hecho acreedor a su cargo mediante su trabajo.

Nos hablará sobre las diversas maneras en que nos sirve su compañía. Si se sienten satisfechos con el servicio actual, considérenlo un santo protector. Si han experimentado inconvenientes con sus teléfonos, permítanle que hable para defenderlos.

Damas y caballeros, el vicepresidente de la Compañía Telefónica de Nueva York, señor George Wellbaum.

Observen con qué maestría el orador consiguió que el auditorio pensara en el teléfono. Con algunas preguntas, estimuló su curiosidad y luego indicó que el orador contestaría esas preguntas y todas las demás que el auditorio quisiera hacer.

Dudo que esta presentación haya sido redactada o aprendida de memoria. Incluso en el papel posee un tono natural, como si se tratara de una conversación. Una presentación nunca debe ser aprendida de memoria. Cornelia Otis Skinner fue presentada una vez por un presidente de reunión que se olvidó de las palabras aprendidas apenas comenzó a hablar. Respiró profundamente y dijo: "A causa del exorbitante precio del almirante Byrd, tenemos hoy con nosotros a Cornelia Otis Skinner".

La presentación debe ser espontánea, como si surgiera de la ocasión, de ningún modo estricta y severa.

En la presentación del señor Wellbaum, referida anteriormente, no hay clisés tales como "Es un gran placer para mí" o "Es un gran privilegio presentarlo". La mejor manera de presentar a un orador consiste en dar su nombre o decir "Presento a" y dar el nombre.

Algunos oradores incurren en el error de hablar mucho tiempo e impacientar al auditorio. Otros se dejan llevar por sus fantasías oratorias con el fin de impresionar al orador que introducen y al auditorio con el sentimiento de la propia importancia. Otros cometen el error imperdonable de hacer bromas gastadas, a veces no del mejor gusto, u otras a las que se presta la profesión del orador. Todas estas faltas tendrían que desaparecer en el hombre que se propone realizar una introducción adecuada.

He aquí otro ejemplo de presentación que sigue los puntos de la fórmula T-I-O y que, sin embargo, posee el sello de la individualidad. Observe atentamente cómo Edgar L. Schnadig combina las tres fases de la fórmula para presentar al editor educador Gerald Wendt:

"Ciencia actual", el tema de nuestro orador, es un asunto de suma seriedad. Recuerdo la historia de un enfermo mental que sufría la alucinación de tener un gato en sus entrañas. Como no podía demostrar lo contrario, el psiquiatra simuló una operación. Cuando el hombre volvió en sí, después de haber sido adormecido con éter, le mostraron un gato negro, y le dijeron que sus trastornos habían desaparecido. Respondió: "Lo siento, doctor, pero el gato que me molesta es gris".

Lo mismo sucede con la ciencia en la actualidad. Uno busca un gato llamado U-235, y se encuentra con un montón de gatitos que se llaman Neptunio, Plutonio, Uranio 233 o algo parecido. El antiguo alquimista, el primer científico nuclear, imploraba en su lecho de muerte un día más de vida para descubrir los secretos del universo. Actualmente, los científicos producen secretos con los que el mundo nunca soñó.

Nuestro orador de hoy es alguien que sabe lo que la ciencia es y lo que puede llegar a ser. Ha sido profesor de química en la Universidad de Chicago, director del Colegio del Estado de Pennsylvania, del Instituto de Investigaciones Industriales en Columbus, Ohio. Ha trabajado como científico al servicio del gobierno, ha sido editor y autor. Nació en Davenport, Iowa, y recibió su título profesional en Harvard. Perfeccionó sus conocimientos en instalaciones militares y ha viajado extensamente por Europa.

Nuestro orador ha escrito y editado numerosos textos sobre diversas ciencias. Su libro más conocido es Ciencia para el mundo de mañana, publicado cuando dirigía la sección científica de la Feria Mundial de Nueva York. Sus interpretaciones de los adelantos científicos interesaron a una inmensa cantidad de gente cuando colaboró como asesor de Time, Life, Fortune y March of time. Su libro La edad atómica apareció en 1945, diez días después de la bomba de Hiroshima. Su frase preferida es "Lo mejor aún tiene que suceder", y así es. Estoy orgulloso de presentar y escucharé con suma satisfacción las palabras del director de Science illustrated, doctor Gerald Wendt.

Hasta no hace muchos años se acostumbraba colmar de halagos al orador en la presentación. La persona que la tenía a su cargo lo abrumaba con sus elogios. El pobre orador se sentía asfixiado con el denso perfume de las lisonjas.

Un conocido humorista, Tom Collins, de Kansas City, Missouri, dijo a Herbert Prochnow, autor del Manual del maestro de ceremonias (The Toastmaster's Handbook), que "es fatal para un orador que piensa mostrarse gracioso prometer al auditorio que pronto se estará destornillando de risa; cuando quien lo presenta comienza a hablar del celebérrimo humorista Will Rogers, vale más que ese pobre orador se abra las venas y se vaya a su casa, porque ya nada le quedará por hacer".

Pero tampoco deben escatimarse demasiado los elogios. Stephen Leacock recuerda la oportunidad en que tuvo que responder a unas palabras de presentación que terminaban de esta manera:

Es ésta la primera conferencia de nuestra serie para este invierno. La última serie, como todos ustedes saben, no tuvo ningún éxito. En efecto, llegamos a fin de año con déficit. Por eso, este año, encaramos las cosas de otro modo y trataremos de experimentar con talentos de menor cuantía. Permítanme presentarles al señor Leacock.

El señor Leacock comenta secamente: "Juzguen lo que es aparecer ante el auditorio con el rótulo de 'talento de menor cuantía'".

TERCERO: SEA ENTUSIASTA

Al presentar a un orador, la manera de hacerlo es tan importante como lo que se dice. Debe procurar presentarlo amistosamente, y mostrar un auténtico placer al pronunciar sus palabras. Si usted hace la presentación procurando crear cierta "culminación" hacia el final, cuando anuncie el nombre del orador, aumentará el sentimiento de interés preliminar y el auditorio aplaudirá al orador con mucho más entusiasmo. La buena disposición del auditorio así lograda contribuirá, a su vez, a estimular al orador a hacer las cosas lo mejor posible.

Cuando pronuncie el nombre del orador, al final de la introducción, le convendrá recordar las palabras "pausa", "separación" y "efecto". Pausa: un breve silencio, justamente antes de pronunciar el nombre, pondrá cierta nota de expectación. Separación: quiere decir que entre el primer nombre y el último debe haber una pequeña pausa para que el auditorio perciba claramente el nombre del orador. Efecto: significa que el nombre debe pronunciarse con vigor y energía.

Todavía hay que hacer una advertencia; por favor, se lo ruego, cuando pronuncie el nombre del orador no se vuelva hacia él, mire hacia el auditorio hasta que haya pronunciado la última sílaba; luego, vuélvase hacia el orador. En incontables ocasiones he presenciado excelentes discursos de presentación que se malograban al final por este detalle. Al pronunciarse el nombre mirando al orador, lo oía únicamente éste y el auditorio quedaba en completa ignorancia de su identidad.

CUARTO: MUÉSTRESE SINCERAMENTE AFECTUOSO

Finalmente, asegúrese de ser sincero. No se deje llevar por el deseo de hacer críticas o por un humorismo de mal gusto.

Una presentación muy elogiosa a menudo es mal interpretada por algunos miembros del auditorio. Muéstrese sinceramente afectuoso, pues se encuentra en una situación que exige el máximo de tacto y delicadeza. Usted puede tener cierta familiaridad con el orador, pero el auditorio no, y algunas de sus observaciones, por inocentes que sean, pueden interpretarse mal.

QUINTO: PREPARE CUIDADOSAMENTE EL DISCURSO DE PRESENTACIÓN DE PREMIOS

"Está probado que el más profundo anhelo del corazón humano es el reconocimiento, el honor."

Cuando Margery Wilson escribió estas palabras expresaba un sentimiento universal. Todos queremos encontrarnos bien situados en la vida. Todos queremos que nos aprecien. La alabanza de alguien, aunque sólo consista en una palabra —no digamos un obsequio ofrecido formalmente— eleva el espíritu de manera mágica.

Althea Gibson, la estrella del tenis, consiguió expresar este "profundo anhelo del corazón humano" con la mayor exactitud en el título de su autobiografía: *Yo quería ser alguien*.

Cuando pronunciamos un discurso de esta naturaleza, confirmamos a la persona presentada que realmente es alguien. Ha triunfado en determinado instante. Es digno de recompensa. Nos hemos reunido para premiarlo. Lo que tenemos que decir debe ser breve pero tenemos que pensarlo cuidadosamente. Puede ser que no signifique mucho para aquellos que están acostumbrados a recibir homenajes, pero para otros, menos afortunados, puede constituir un maravilloso recuerdo que los acompañará todo el resto de su vida.

Nosotros, por lo tanto, prestaremos gran importancia a la selección de las palabras. He aquí una fórmula preparada para la ocasión.

1. Diga por qué se ofrece el premio. Quizá largos años de servicio, o el triunfo en un concurso, o alguna hazaña notable. Explíquelo simplemente.

2. Diga algo de interés para el grupo sobre la vida y actividades de la persona homenajeada.

3. Exprese los grandes méritos que han hecho a esta persona acreedora a la recompensa y la cordialidad del grupo hacia ella.

4. Congratule al homenajeado y exprésele los buenos deseos de todos para el futuro.

Nada es tan esencial como la sinceridad en este sencillo discurso. Todos la perciben aunque no lo manifiesten. Si usted ha sido elegido para pronunciar un discurso de esta naturaleza, usted, tanto como la persona que recibe la recompensa, han sido homenajeados. Se sabe que es posible confiar en usted para una tarea que exige sentimiento en la misma medida que capacidad. Por ello debe de evitar ciertos errores en que incurren algunos oradores. Errores por exageración.

En una ocasión así, es fácil exagerar las virtudes de alguien más allá de la realidad. Si el premio es merecido, es necesario que usted lo manifieste, pero no debe excederse en las palabras de alabanza. Exagerar los elogios incomoda a la persona que recibe el premio y no convence a un auditorio que sabe bien cómo son las cosas.

También nos equivocaríamos si exageráramos la importancia del premio. En lugar de extendernos sobre su valor intrínseco, debemos señalar especialmente los sentimientos amistosos de los que lo ofrecen.

SEXTO: EXPRESE SINCERAMENTE
SUS SENTIMIENTOS EN EL DISCURSO
DE ACEPTACIÓN

Este discurso debe ser aun más limitado que el de presentación. Por supuesto, de ningún modo debe ser aprendido de memoria; sin embargo, estar preparado para pronunciarlo será ventajoso. Si nos enteramos de que nos van a entregar un premio con un discurso preliminar, no debemos estar sin saber qué decir para agradecerlo.

Limitarse a murmurar "Gracias" y "el día más grande de mi vida" y "lo más extraordinario que ha sucedido en mi vida", no son frases que estén muy bien. Aquí, como en el discurso de ofrecimiento, acecha el peligro de la exageración. "El día más grande" y "lo más maravilloso" abarcan demasiado. Usted puede expresar mucho mejor una sincera gratitud en términos más moderados. Aquí sugerimos una fórmula:

1. Agradezca sinceramente al grupo.

2. Mencione a las personas que lo hayan ayudado, sus socios, empleados, amigos o familiares.

3. Diga lo que el premio o el obsequio significa para usted. Si está envuelto, ábralo y muéstrelo. Cuente cómo piensa hacer uso de él, exprese lo útil o decorativo que es.

4. Finalice con otra sincera expresión de gratitud.

En este capítulo, hemos expuesto tres tipos especiales de discursos que en su trabajo o en la organización o club a que se halle asociado pueden pedirle en cualquier momento que pronuncie.

Es fundamental para usted que siga cuidadosamente estas indicaciones cuando tenga que pronunciar uno de estos discursos. Tendrá la satisfacción que surge de decir la palabra exacta en el momento preciso.

XIII

LA ORGANIZACIÓN DE DISCURSOS MÁS EXTENSOS

Ninguna persona, en su sano juicio, comenzaría a edificar una casa sin algún plan preliminar; ¿podría comenzar entonces a pronunciar un discurso sin la más vaga noción de lo que pretende expresar?

Un discurso es como un viaje con un propósito determinado, y debe ser proyectado de antemano.

Desearía poder grabar esta frase de Napoleón con llameantes letras rojas sobre todas las puertas del mundo por donde pasaran los estudiantes de mis cursos: "El arte de la guerra es una ciencia en la que nunca puede tener éxito lo que no haya sido calculado y pensado previamente".

Esto es tan válido para la guerra como para hablar en público. Pero los oradores, ¿se dan cuenta de ello? O bien, suponiendo que sí, ¿actúan siempre de acuerdo con ese principio? No lo hacen. Muchos discursos apenas están más preparados que una olla de estofado irlandés.

¿Cuál es la manera más adecuada y efectiva de exponer una serie de ideas? Nadie puede decirlo hasta que las haya estudiado. Siempre se trata de un nuevo problema, de una eterna pregunta que todo orador debe plantearse y responderse una y otra vez. No pueden darse reglas infalibles, pero es posible, de todos modos, indicar las tres fases principales del discurso con el que se pretende obtener una acción determinada: la llamada de atención, el cuerpo del discurso y la conclusión. Existen algunos métodos de comprobada eficacia para desarrollar cada fase.

PRIMERO: OBTENGA ATENCIÓN INMEDIATA

Pregunté una vez al doctor Lynn Harold Hough, antiguo presidente de la Universidad del Noroeste, qué era lo más importante que había aprendido en su larga experiencia como orador. Después de considerarlo un momento respondió: "Un comienzo que atraiga la atención, algo que capte la atención de modo inmediato y en un sentido favorable". El doctor Hough tocó la clave del problema de todo discurso persuasivo: cómo conseguir la aprobación del auditorio desde las primeras palabras pronunciadas. Se exponen aquí algunos métodos que, si se aplican, darán a sus primeras frases un alto coeficiente de atención.

Comience su discurso con un incidente-ejemplo

Lowell Thomas, que ha logrado una reputación mundial como comentarista periodístico, conferenciante y productor cinematográfico, comenzó un discurso sobre Lawrence de Arabia con el siguiente relato:

Cierto día en que caminaba por una calle de Jerusalén me encontré con un hombre ataviado con las lujosas ropas de un potentado oriental. A su costado pendía la espada curva de oro usada sólo por los descendientes del profeta Mahoma...

Y se puso así en marcha con un relato de su propia experiencia. Esto es lo que atrae la atención. Este tipo de introducción es casi infalible. Difícilmente puede fracasar. Es algo que atrae, que excita el interés. Nos atrae porque nos hace sentirnos participantes de una situación y queremos saber qué es lo que va a suceder. No conozco método más eficiente de iniciar un discurso que el relato de un suceso personal.

Uno de mis propios discursos, que he pronunciado en numerosas oportunidades, comienza con estas palabras.

Apenas había terminado mis estudios, cuando una noche, caminando por una calle de Huron, Dakota del Sur, vi a un hombre de pie sobre un cajón que se dirigía a un grupo de personas. Como despertó mi curiosidad, me incorporé al grupo de oyentes. "¿Saben ustedes —decía el orador— que nunca han visto a un indio calvo o a una mujer calva? ¿Es así? Ahora, voy a decirles por qué..."

Sin preámbulos. Comenzando directamente con el relato de un suceso, usted puede captar con facilidad la atención de un auditorio.

Un orador que comienza su discurso con un relato de su experiencia marcha por un terreno despejado, pues no tiene que estar buscando las palabras, ni se le escapan las ideas. La experiencia que está relatando es suya, es como si creara de nuevo una parte de su vida, algo muy íntimo que le pertenece. ¿El resultado? Una actitud desenvuelta, segura, que ayudará al orador a tomar un contacto amistoso con su auditorio.

Despierte la expectación

Así es como el señor Powell Healy comenzó un discurso en el Penn Athletic Club de Filadelfia:

Hace ochenta y dos años, se publicó en Londres un pequeño volumen, un relato que iba a llegar a ser inmortal. Mucha gente ha dicho que es "el libro más extraordinario del mundo". Cuando apareció, al encontrarse dos personas conocidas se hacían la pregunta "¿Lo has leído?" La respuesta, invariable, era la siguiente: "Sí, Dios lo bendiga, lo he leído".

El día en que se publicó se vendieron mil ejemplares. En dos semanas se agotaron quince mil. Desde entonces se han hecho millares de ediciones y se ha traducido a todos los idiomas del mundo. Hace pocos años, J. P. Morgan adquirió el manuscrito original por una suma fabulosa y ahora se encuentra entre los valiosísimos tesoros de su magnífica galería de arte. ¿Cuál es este libro mundialmente famoso? Es...

¿Está interesado? ¿Está ansioso por enterarse de más detalles? ¿Ha captado el orador la atención de sus oyentes? ¿Siente usted que esta introducción se ha apoderado de su atención, que ha crecido su interés a medida que transcurría? ¿Por qué? Porque despierta su curiosidad y mantiene suspenso su ánimo.

¡Curiosidad! ¿Quién es inmune a ella? ¿No estará usted también preguntándose quién es el autor y cuál es el libro? Para satisfacer su curiosidad, aquí está la respuesta: el autor: Charles Dickens; el libro: Un cuento de Nochebuena.

Crear expectación constituye un método infalible de obtener el interés de sus oyentes. A continuación refiero cómo intento despertar la expectación en mi disertación titulada: "Cómo librarse de las preocupaciones y disfrutar de la vida". Comienzo así: "En la primavera de 1871, un joven que llegaría a ser médico de fama mundial, William Osler, tomó un libro y leyó veintiuna palabras que tuvieron una profunda influencia en su futuro".

¿Cuáles eran esas veintiuna palabras? ¿Cómo afectaron su futuro? Éstas son las preguntas que sus oyentes querrán ver respondidas.

Exponga un hecho que atraiga la atención

Clifford R. Adams, director del Servicio de asesoramiento matrimonial del colegio del Estado de Pennsylvania, comenzó un artículo en Selecciones, titulado "Cómo escoger pareja", con estos hechos alarmantes, unos hechos que lo dejan a uno sin aliento, que se apoderan de la atención desde el comienzo:

En la actualidad, las oportunidades de que nuestros jóvenes encuentren felicidad en el matrimonio son realmente muy pocas. El aumento del promedio de divorcios es pavoroso. En 1940, fracasaba un matrimonio de cada cinco o seis. Para 1946 se calculaba que el promedio era de uno cada cuatro. Y si las cosas siguen el mismo curso, el promedio dentro de cincuenta años será de uno cada dos.

He aquí otros dos ejemplos de introducciones que atraen la atención:

"El Ministerio de Guerra predice que, en la primera noche de una guerra atómica, morirán veinte millones de norteamericanos".

"Hace pocos años, una cadena de periódicos gastó 176.000 dólares en una encuesta destinada a descubrir qué disgustaba a los compradores en los negocios minoristas. Fue la encuesta más costosa, científica y completa que se haya realizado alguna vez sobre los problemas del comercio minorista. Se enviaron entrevistadores a 54.047 hogares de dieciséis ciudades diferentes. Una de las preguntas era: ¿Qué es lo que le disgusta en los negocios de la ciudad?

"Casi las dos quintas partes de las respuestas fueron idénticas: ¡Vendedores descorteses!"

Este método de referir sucesos sorprendentes al comienzo del discurso es eficaz para establecer contacto con el oyente porque estimula el pensamiento. Es una especie de "técnica de la sacudida", que atrae la atención mediante el empleo de lo inesperado para centrarla sobre el tema del discurso.

Uno de nuestros alumnos, en Washington, empleaba este método de despertar la curiosidad tan eficazmente que nunca escuché a nadie que pudiera igualarlo. Su nombre: Meg Sheil. He aquí su introducción:

"Durante diez años estuve en una prisión. No era una prisión común, pues sus muros eran mis inquietudes sobre mi inferioridad, y sus rejas el temor de la crítica".

¿No quiere saber algo más sobre este episodio vital?

Debe evitarse un peligro que existe en las introducciones sorprendentes: la tendencia a un excesivo dramatismo o sensacionalismo. Recuerdo a un orador que daba comienzo a sus discursos disparando una pistola al aire. Conseguía perfectamente la atención de sus oyentes, pero también les destrozaba los tímpanos.

Dé a sus primeras palabras el tono de una conversación. Un medio eficaz de comprobar si su introducción posee ese tono consiste en ensayarla de sobremesa. Si sus palabras tienen el suficiente tono de charla como para decirlas en esa ocasión, probablemente tendrán el mismo efecto ante un auditorio.

Sin embargo, el comienzo del discurso, ese comienzo que, según se supone, debe atraer el interés de los oyentes, frecuentemente es la parte más pesada de él. Por ejemplo, no hace mucho escuché estas palabras de introducción: "Confía en el Señor y ten fe en tu habilidad personal..." Una prédica, ¡buen comienzo de un discurso! Pero fíjese en su segunda frase, es interesante, hay un corazón que palpita en ella. "Mi madre quedó viuda en 1918, con tres hijos a su cargo y sin dinero..." ¿Por qué, oh, por qué no comenzó este hombre hablando de los esfuerzos de su madre viuda con tres hijos que mantener? ¿Por qué no lo hizo en su primera frase?

Si usted quiere interesar a sus oyentes, no comience con una introducción formal. Entre directamente en el corazón de su relato.

Esto es lo que hace Frank Bettger, el autor de Cómo me superé del fracaso al éxito en ventas. Es un artista en su especialidad de crear expectación en la primera frase. Lo sé porque viajamos juntos a través de todo el territorio de los Estados Unidos pronunciando discursos sobre ventas bajo los auspicios de la Cámara Juniors de Comercio. Siempre me admiró la excelente manera con que iniciaba su discurso sobre el entusiasmo. Nada de prédicas ni de sermones ni de principios generales. Frank Bettger entraba directamente en la médula de su tema en la primera frase. Su discurso sobre el entusiasmo comenzaba así:

"Poco después de iniciarme como jugador profesional de béisbol tuve uno de los sobresaltos más grandes de mi vida".

¿Qué efecto tenía esta introducción en el auditorio? Lo conozco, yo estaba presente. Observaba la reacción. Bettger conseguía la atención de todos inmediatamente. Todos anhelaban saber cuál había sido ese sobresalto, cuáles eran las causas, cómo había reaccionado mi amigo.

Un medio espléndido de obtener el interés y la atención del auditorio es pedir a sus miembros que levanten la mano para responder a una pregunta suya. Por ejemplo, mi discurso sobre el tema "Cómo prevenir la fatiga" lo inicié con esta frase:

"Pediré que levanten la mano aquellos de ustedes que crean que se cansan más pronto de lo que deberían".

Observe lo siguiente: cuando usted pida que levanten la mano, advierta en cierta medida al auditorio sobre lo que va a hacer. No inicie un discurso de la siguiente manera: "Los que crean que el impuesto a los réditos debe ser reducido, levanten la mano". Dé al público la oportunidad de estar listo para votar diciendo, por ejemplo: "Voy a pedirles que levanten la mano para responder a una pregunta de gran importancia para ustedes. La pregunta es ésta: ¿Cuántos de ustedes creen que los cupones que se redimen benefician al consumidor?"

La técnica de pedir al público que levante la mano obtiene una valiosa reacción conocida como "participación del auditorio". Cuando usted la emplea, su discurso deja de ser un asunto marginal. El auditorio participa así en él. Cuando usted pregunta "¿Quiénes de ustedes se sienten cansados mucho antes de lo que a su juicio deberían?" todos comienzan a pensar en su tema favorito: en sí mismos, en sus dolores, en sus fatigas. Levantan la mano y posiblemente observan a su alrededor para ver quién tiene la mano levantada. Olvidan que están escuchando un discurso. Sonríen. Hacen señas a los amigos cercanos. Se ha roto el hielo. Usted, como orador, se encuentra más cómodo, y el público también.

Prometa a sus oyentes cómo podrán conseguir algo que desean

Un medio casi infalible de conseguir la atención alerta del auditorio consiste en prometer a sus oyentes que les explicará cómo obtener algo que desean, si hacen lo que usted va a sugerirles. A continuación, algunos ejemplos ilustran lo que quiero decir:

"Voy a explicarles cómo prevenir la fatiga. Voy a decirles cómo podrán agregar una hora diaria a su vida activa".

"Voy a explicarles cómo pueden aumentar sus ingresos".

"Les prometo que, si me escuchan durante diez minutos, les enseñaré un medio eficaz de hacerse más populares".

La introducción del tipo "promesa" consigue la atención del público con seguridad, porque se dirige directamente a los intereses personales del auditorio. Con demasiada frecuencia, los oradores descuidan la relación de sus temas con los intereses vitales de sus oyentes. En lugar de abrir las puertas a la atención, las cierran completamente con pesadas introducciones que trazan la historia del contenido del tema o se extienden laboriosamente sobre los fundamentos necesarios para la comprensión de éste.

Recuerdo un discurso que escuché hace pocos años sobre un tema que, en sí mismo, era de gran importancia para el auditorio: la necesidad de exámenes médicos periódicos. ¿Cómo inició el orador su disertación? ¿Aumentó el atractivo natural de su tema con una introducción eficaz? No. Comenzó con una descolorida exposición de la historia del problema y el auditorio empezó a perder interés en el tema y en el orador. Una introducción elaborada sobre la técnica de la "promesa" habría sido admirablemente apropiada. Por ejemplo:

¿Saben ustedes cuánto tiempo se considera que vivirán? Las compañías de seguros pueden pronosticarlo mediante tablas de probabilidades que han sido elaboradas teniendo en cuenta la duración de las vidas de millones de personas. Pueden esperar un período de vida de dos tercios más o menos, del tiempo entre su edad actual y los ochenta... Ahora bien, ¿es este término de vida suficiente para ustedes? ¡No, no! Todos anhelamos profundamente una vida más larga y queremos probar que esta predicción es inexacta. ¿Pero cómo?, me preguntarán ustedes. ¿Cómo puede lograrse esto? ¿Cómo puedo yo extender mi vida más allá del escasísimo número de años que las estadísticas me pronostican? Bien, hay una respuesta, hay un modo de hacerlo, y yo les diré cuál es...

Dejo a usted decidir si este tipo de introducción se apodera de su interés, si lo incita a escuchar al orador; debe escucharlo no sólo porque habla sobre usted, sobre su vida, sino porque le ha prometido decirle algo del mayor valor para su persona.

¡Nada de pesadas exposiciones de hechos impersonales! Tal introducción es casi imposible de resistir.

Use un objeto

Tal vez el modo más sencillo del mundo para ganar la atención consiste en mostrar algo para que el público lo vea. Casi todos los seres, desde los más simples hasta los más complejos, responderán a esta clase de estímulo. Puede ser utilizado, a veces, con eficacia, ante el público más distinguido. Por ejemplo, el señor Ellis, de Filadelfia, inició una de sus charlas en una de nuestras clases sosteniendo una moneda entre sus dedos a la vista de todo el público. Naturalmente, todos la miraron. Entonces preguntó: "¿Alguno de ustedes ha encontrado en la calle una moneda como ésta?" Anuncia que al afortunado se le obsequiaría con un lote de terreno gratis en tal y tal estado. Para ello tendría que presentar esa moneda... Ellis seguidamente condenó las prácticas equívocas y faltas de ética relacionadas con el hecho.

Todos los métodos expuestos son aconsejables. Pueden emplearse por separado o combinarse entre sí. Tenga en cuenta que la manera de comenzar su discurso determina fundamentalmente que usted y su mensaje sean aceptados por el público.

SEGUNDO: EVITE QUE LA ATENCIÓN SEA DESFAVORABLE

Por favor, se lo encarezco, recuerde que usted no sólo debe captar la atención del público, sino que debe lograr que ésta tenga un efecto favorable. Por favor, fíjese que digo favorable. Ningún ser racional daría comienzo a un discurso insultando al auditorio o haciendo declaraciones mordaces o desagradables que inclinarán al público contra él y su mensaje. Sin embargo, vemos con suma frecuencia que los oradores al comienzo de sus discursos atraen la atención con el uso de alguno de los siguientes artificios.

No comience con una excusa

Comenzar un discurso con una disculpa no augura un buen comienzo. Con extrema frecuencia, escuchamos a oradores que comienzan por hacer patente su falta de preparación o habilidad. Si usted no está preparado, el público lo descubrirá, probablemente, sin su asistencia. ¿Por qué insultar al auditorio sugiriéndole que no posee suficientes méritos como para que usted se prepare adecuadamente? No, no se quiere escuchar excusas; queremos estar informados e interesados; interesados: recuérdelo. Que su primera frase se apodere del interés de su auditorio. No la segunda ni la tercera. ¡La primera!

Evite el relato gracioso como presentación

Tal vez haya usted advertido cierto método de iniciar un discurso que es muy apreciado por los oradores y que no lo hemos recomendado aquí: es el llamado relato gracioso. Por alguna lamentable razón, el principiante siente que debe "avivar" su discurso contando algún chiste; considera que el manto de Mark Twain ha descendido sobre sus hombros. ¡No caiga en esta trampa! Descubrirá para su desgracia la penosa verdad de que la historia "graciosa" es a menudo más patética que cómica y que el cuento puede ser conocido por gente del auditorio.

Cierto sentido del humor, sin embargo, constituye un precioso caudal para todo orador. Un discurso no tiene por qué comenzar, ni seguir, pesadamente, con excesiva solemnidad. De ninguna manera. Si usted tiene la habilidad de divertir a su auditorio mediante alguna aguda referencia a una situación local o a algo que surja de la ocasión o las observaciones de un orador anterior, entonces no deje de hacerlo en modo alguno. Si observa alguna incongruencia, exagérela. Esta clase de humor tiene muchas más probabilidades de éxito que las gastadas bromas sobre Otto y Fritz, o las suegras o los perros Lanudos, porque es un humor apropiado a las circunstancias y porque es original.

Quizás el modo más simple de divertir sea contar alguna anécdota sobre uno mismo. Descríbase en alguna situación ridícula y embarazosa. Esto corresponde a la más pura esencia del humor. Jack Benny se valió de este artificio durante años. Fue uno de los cómicos radiales más hábiles en burlarse de sí mismo. Bromeando sobre su habilidad para tocar el violín, su tacañería y su edad, Jack Benny explotó una rica vena de comicidad que lo conservó en los primeros puestos de la popularidad año tras año.

Los auditorios abren sus oídos, tanto como sus mentes, a los oradores que, deliberadamente, llaman la atención sobre alguna deficiencia o falla personal, de un modo humorístico, por supuesto. Por el contrario, la imagen del infalible en todas sus respuestas deja al auditorio indiferente y poco receptivo.

TERCERO: APOYE SUS IDEAS PRINCIPALES

En el discurso extenso para conseguir una determinada acción usted tendrá varios puntos que exponer; será mejor que no sean muchos, pero todos requerirán un apoyo natural. En el capítulo VII expusimos un método de apoyar el punto principal de un discurso, que es lo que usted quiere que haga el público; para esto ilústrelo con un relato, con una historia, con una experiencia tomada de su vida. Este tipo de ejemplo goza de popularidad porque apela a una exigencia básica de la gente, resumida en el lema: "A todo el mundo le agradan las anécdotas". Un incidente o suceso es el tipo de ejemplo empleado más a menudo por los oradores, pero no es de ninguna manera el único modo de apoyar el punto principal. Pueden usarse también estadísticas, que no son más que ilustraciones agrupadas científicamente, testimonios de especialistas, analogías, muestras o demostraciones.

Emplee estadísticas

Las estadísticas se emplean para mostrar la proporción de ejemplos de cierto tipo. Pueden causar impresión y convencer, especialmente como pruebas, cuando un ejemplo aislado no resulte tan apropiado... La eficacia de la vacuna antipoliomielítica Salk fue determinada mediante estadísticas tomadas en todas partes del país. Los casos aislados de ineficacia eran excepciones que confirmaban la regla. Pero un discurso basado en una de esas excepciones no convencería a un padre de que la vacunación constituye una protección para su hijo.

Las estadísticas, en sí mismas, pueden ser aburridas. Deben emplearse prudentemente, y al emplearlas, deben ser revestidas con un lenguaje que las haga vívidas y gráficas.

He aquí un ejemplo del modo en que las estadísticas pueden causar impresión al compararlas con cosas familiares. Para apoyar su idea de que los neoyorquinos pierden una enorme cantidad de tiempo por no atender los teléfonos con prontitud, un ejecutivo expresó lo siguiente:

Siete de cada cien llamadas telefónicas experimentan un atraso de más de un minuto antes de obtener respuesta. Cada día se pierden, de este modo, 280.000 minutos. En el curso de seis meses, esta pérdida de tiempo en Nueva York corresponde, aproximadamente, a todos los días hábiles que han transcurrido desde que Colón descubrió América.

Los meros números y cifras, en sí mismos, nunca producen mayor impresión. Tienen que ser ilustrados; tienen que ser expresados, si es posible, en función de nuestras experiencias. Recuerdo haber asistido a una conferencia pronunciada por un guía en la cámara de energía situada bajo la represa de Grand Coulée. Podría habernos dado las medidas del recinto en metros cuadrados, pero el método no hubiera sido tan convincente como el que empleó. Nos dijo que el lugar era bastante amplio como para contener a una multitud de 10.000 personas que presenciaran un partido de fútbol en un campo de dimensiones reglamentarias y, además de eso, habría espacio suficiente para varios campos de tenis en cada extremo.

Hace muchos años, uno de mis estudiantes, en Brooklyn, habló del número de casas destruidas por el fuego durante la guerra pasada. Dijo, además, que si los edificios incendiados hubieran sido colocados uno al lado del otro, la línea habría llegado desde Nueva York hasta Chicago, y que si la gente que había muerto en aquellos incendios hubiera sido colocada de medio en medio kilómetro, la trágica línea se habría extendido de nuevo desde Chicago hasta Brooklyn.

Las cifras que mencionó las olvidé casi inmediatamente, pero han pasado los años y puedo ver aún, sin ningún esfuerzo, esa línea de edificios incendiados extendida desde la isla de Manhattan hasta Cook County en Illinois.

Use el testimonio de expertos

Frecuentemente, usted podrá apoyar el punto que quiera desarrollar en el curso de su charla apelando al testimonio de expertos. Antes de emplear un testimonio es necesario someterlo a las siguientes consideraciones:

1. ¿Es apropiada la cita que voy a emplear?
2. ¿Corresponde al campo del conocimiento específico del individuo citado? Citar a Joe Louis sobre economía, evidentemente, es explotar su nombre, pero de ningún modo su especialidad.
3. ¿La cita corresponde a una persona conocida y respetada por el auditorio?

4. ¿Está usted seguro de que la declaración se basa en el conocimiento auténtico, sin que graviten intereses o prejuicios personales?

Uno de los miembros de mis clases, en la Cámara de Comercio de Brooklyn, inició hace muchos años un discurso sobre la necesidad de la especialización con una cita de Andrew Carnegie. ¿Fue una elección prudente? Sí, porque citó con acierto a un hombre que gozaba del respeto del auditorio como uno de los más autorizados para hablar sobre el éxito en los negocios. La cita conserva su vigencia aún en nuestros días:

Creo que el camino acertado para el éxito completo en cualquier campo consiste en especializarse en él. No tengo fe en la dispersión de las aptitudes personales. Muy rara vez he hallado a un hombre que llegara a tener éxito —por cierto, ninguno en la industria— que tuviera intereses muy diversificados. Las personas que han alcanzado el éxito son aquellas que han elegido una línea y se mantienen en ella.

Emplee analogías

Una analogía, de acuerdo con el diccionario Webster, es un "relación entre dos cosas... que consiste en la semejanza, no de las cosas por sí mismas, sino de dos o más atributos, circunstancias o efectos".

El empleo de la analogía es una técnica magnífica para apoyar una idea principal. He aquí un fragmento de un discurso sobre "La necesidad de más energía eléctrica" pronunciado por C. Girard Davidson cuando era subsecretario del Interior. Fíjese cómo emplea una comparación, una analogía, para apoyar su afirmación:

Una economía próspera tiene que mantener su avance progresivo o se derrumba. Puede establecerse un paralelo con el aeroplano, que es un conjunto inútil de tuercas y tornillos mientras está en la pista. Cuando avanza por el aire, sin embargo, cumple su función específica, presta un servicio útil... Para mantenerse, tiene que conservar su avance progresivo. Si no se mueve, se derrumba, sin que pueda retroceder.

He aquí otro ejemplo, quizás una de las analogías más sobresalientes en la historia de la elocuencia; fue empleada por Lincoln para responder a sus críticos en un momento decisivo de la guerra civil.

Caballeros, quiero que supongan por un momento que todas sus propiedades hubieran sido convertidas en oro y que las hubieran puesto en manos de Blondin, el famoso equilibrista, para que las transportara a través de las cataratas del Niágara en una cuerda tensa. ¿Sacudirían la cuerda mientras Blondin camina sobre ella? ¿Le gritarían: "¡Blondin, inclínate un poco más! ¡Camina más rápido!"? No, estoy seguro de que no lo harían. Contendrían el aliento tanto como la lengua y no moverían un dedo hasta que estuviera del otro lado, a salvo. En estos momentos, el gobierno atraviesa por la misma situación. Transporta un peso enorme a través de un océano tormentoso. En sus manos lleva tesoros de valor incalculable. Está haciendo las cosas lo mejor que puede. ¡No lo molesten! Esperen con calma, y los salvará del peligro.

Use demostraciones, con objetos o sin ellos

Cuando los ejecutivos de Iron Fireman tenían que hablar con los comerciantes, necesitaban dramatizar de algún modo el hecho de que el combustible tenía que alimentar las calderas desde la base en lugar de penetrar por la parte superior. Fue así como encontraron una simple, pero sorprendente demostración. Encendían una vela, luego explicaban:

Observen con qué claridad arde la llama, qué altura tiene. Cómo, virtualmente, todo el combustible se convierte en calor y prácticamente no desprende humo.

La vela recibe el combustible desde abajo, de la misma manera que Iron Fireman alimenta las calderas.

Supongan que esta vela recibiera el combustible desde arriba como las calderas alimentadas a mano. (En este momento se invertía la posición de la vela.)

Fíjense cómo disminuye la llama. Sientan el olor del humo. El chisporroteo. Vean el color rojizo de la llama a causa de la combustión incompleta. Y, finalmente, observen cómo se extingue la llama como resultado de la ineficacia del combustible recibido desde arriba.

Hace algunos años, Henry Morton Robinson escribió un interesante artículo: "Cómo ganan sus casos los abogados" para la revista Su vida. Describe cómo un abogado, Abe Hummer, se lució en una demostración mientras representaba a una compañía de seguros en un juicio por daños corporales. El demandante, un señor Gómez, sostenía que, como resultado de una caída en el pozo de un ascensor, se había herido tan gravemente en un hombro que no podía levantar su brazo derecho.

Hummer parecía estar gravemente preocupado. "Ahora, señor Gómez —dijo confidencialmente—, muestre al jurado a qué altura puede levantar su brazo derecho." Cuidadosamente, Gómez levantó el brazo hasta el nivel de la oreja. "Ahora muéstrenos a qué altura podía levantarlo antes de la caída", se apresuró a decir Hummer. "A esta altura", dijo el demandante, elevando su brazo muy por encima de su cabeza.

Puede usted sacar sus propias conclusiones sobre la reacción del jurado ante esta demostración.

En el discurso extenso para asegurar una acción podrían exponerse tres, o, a lo sumo, cuatro puntos. Pueden expresarse en menos de un minuto, pero enumerarlos ante un auditorio sería pesado y aburrido. ¿Qué es lo que les otorga vida? El material que usted emplea para apoyarlos. Eso es lo que confiere vida e interés a su discurso. Mediante el empleo de anécdotas, comparaciones y demostraciones, usted puede hacer claras y vívidas sus principales ideas; mediante el uso de estadísticas y testimonios, dará forma a las verdades expuestas y acentuará la importancia de sus puntos fundamentales.

Un día tuve oportunidad de hablar unos minutos con George F. Johnson, el industrial y filántropo. Por entonces era presidente de la gran compañía Endicott-Johnson. Más interesante para mí, sin embargo, era el hecho de que se tratara de un orador capaz de hacer reír y a veces llorar a su auditorio y de que a menudo se recordaran durante mucho tiempo sus palabras.

No tenía un despacho privado; ocupaba apenas un extremo de una enorme y activa oficina. Su actitud mostraba tan pocas pretensiones como su viejo escritorio de madera.

—Ha llegado usted oportunamente —dijo, mientras se levantaba para saludarme—. Acabo de terminar un trabajo. He tomado nota de lo que debo decir al terminar un discurso que tengo que dar esta noche al personal.

—Siempre es un alivio tener completamente pensado un discurso desde el principio al fin —le dije.

—Oh, no lo tengo pensado completamente, sin embargo. Apenas las ideas generales y la forma en que quiero terminarlo.

No era un orador profesional. Nunca empleaba términos sonoros ni frases refinadas. No obstante, la experiencia le había enseñado uno de los secretos del éxito en la comunicación. Sabía que el buen resultado de un discurso dependía de un buen final. Se daba cuenta de que la conclusión de un discurso es la parte de él hacia la que debe dirigirse todo lo precedente, si se quiere causar impresión en un auditorio.

El cierre constituye realmente el punto más estratégico del discurso; lo último que uno dice, las palabras finales que suenan aún en los oídos cuando uno termina de hablar, serán recordadas, probablemente, durante más tiempo. Al contrario del señor Johnson, los principiantes raras veces aprecian la importancia de este hecho. Sus conclusiones, con frecuencia, dejan mucho que desear.

¿Cuáles son sus errores más comunes? Expongámoslos brevemente y busquemos los remedios apropiados.

En primer lugar, está el individuo que finaliza así: "Esto es, aproximadamente, todo lo que tengo que decir sobre el asunto, así que me parece oportuno terminar." Este orador, por lo general, deja caer una pantalla de humo sobre su incapacidad de dar término a un discurso satisfactoriamente, dando al auditorio unas débiles "gracias". Esto no es un final. Es un error de aficionados. Es casi imperdonable. Si eso es todo lo que tiene que decir, ¿por qué no deja de hablar ahí mismo y toma asiento rápidamente, finalizando sin hablar de terminaciones? Hágalo, la inferencia de que eso era todo lo que tenía que decir puede ser dejada, con prudencia y buen gusto, al discernimiento de su auditorio.

Luego está el orador que dice todo lo que tiene que decir, pero no sabe cómo terminar. Creo que era Josh Billings quien aconsejaba tomar el toro por la cola en lugar de hacerlo por los cuernos, ya que así sería más fácil desprenderse de él. Este orador tiene al toro agarrado por las extremidades frontales, y quiere separarse de él, pero, por mucho que haga, no puede hallar en las cercanías una cerca o un árbol amigos. De modo que termina dando vueltas en un círculo cerrado, desandando camino, repitiéndose, dejando una mala impresión...

¿El remedio? Un final ha sido proyectado alguna vez, ¿no es así? ¿Es una muestra de prudencia tratar de hacerlo frente al auditorio, mientras uno está bajo el peso y la tensión del discurso, mientras la mente debe estar ocupada en lo que se está diciendo? ¿O bien el sentido común sugiere la prudente actitud de hacerlo tranquilamente, con calma, de antemano?

¿Cómo emprenderá usted la tarea de dar a su discurso un remate efectivo? He aquí algunas sugerencias:

Resuma

En un discurso de cierta extensión, el orador puede cubrir tanto espacio como para que, hacia el final, los oyentes no tengan una idea muy clara de los puntos principales. Sin embargo, pocos oradores se dan cuenta de ello. Caen en un error de presumir que, como esos puntos son tan claros como un cristal dentro de su mente, deben ser igualmente claros para sus oyentes. De ningún modo; el orador ha meditado sus ideas durante cierto tiempo. Pero esas ideas son completamente nuevas para el auditorio; caen sobre el público como un puñado de perdigones. Algunas pueden dar en el blanco, pero la mayoría se pierden en la confusión. Los oyentes están expuestos, según Shakespeare, a recordar una masa de cosas, pero ninguna claramente.

Cierto anónimo político irlandés, según se dice, dio una vez esta receta para hacer un discurso: "Primero dígales lo que va a decirles, luego dígaselo, luego dígales lo que les ha dicho." Con frecuencia es muy aconsejable "decirles lo que uno les ha dicho".

He aquí un buen ejemplo. El orador, jefe de tráfico de los ferrocarriles de Chicago, terminó su discurso así:

En resumen, caballeros, nuestras propias experiencias con este nuevo sistema de señales; su empleo, experimentado en el Norte, el Este y el Oeste; los exactos principios de maniobra en su manejo; la demostración del dinero economizado en un año en prevención de accidentes, son hechos que me mueven sinceramente, sin ninguna duda, a recomendar la inmediata instalación del sistema en la rama del Sur.

¿Ve usted lo que ha hecho el orador? Puede verlo y sentirlo sin haber escuchado el resto del discurso. Ha resumido en unas cuantas frases prácticamente todos los puntos expuestos en el discurso completo.

¿No cree que un resumen como ése ayuda? Si es así haga suya esta técnica.

Solicite acción

La terminación que acabamos de citar constituye, además, un ejemplo excelente del pedido final de acción. El orador quería que se realizara algo: que se instalara un nuevo sistema de señales en la rama Sur de su ferrocarril. Basaba su solicitud en el dinero economizado, en los accidentes que se prevendrían... El orador quería acción y la obtuvo. No era un mero discurso de práctica. Fue pronunciado ante la junta de directores de un ferrocarril, y aseguró la instalación del nuevo sistema de señales que había sido solicitado.

Al pronunciar las palabras finales en un discurso para asegurar una determinada acción, se llega al momento de dar una orden. ¡Dé esa orden! Diga a su auditorio que se afilie, que contribuya, que vote, escriba, telefonee, compre, boicotee, se aliste, investigue o lo que usted quiera que haga. Pero no pierda de vista estas advertencias:

Pídales que hagan algo específico: No diga: "Ayude a la Cruz Roja". Es demasiado general. Diga, en cambio: "Adquiera su bono de contribución de un dólar esta misma noche en la Cruz Roja Americana, calle Smith 125 de esta ciudad".

Pida a su auditorio una respuesta que se halle dentro de sus posibilidades: No diga: "Votemos contra las bebidas alcohólicas". No debe hacerse. Por el momento, no estamos votando contra el alcohol. Podría pedirles, en cambio, que se unan a una sociedad de abstinencia, o participen en alguna empresa que luche contra el alcoholismo.

Facilite tanto como pueda la respuesta de su auditorio a su pedido: No diga: "Escriba a su representante en el Congreso para que vote contra ese proyecto". El noventa por ciento de sus oyentes no lo harán. O no están interesados vitalmente, o les representa muchos inconvenientes, o lo olvidarán. Así que facilite y haga agradable la acción. ¿Cómo? Escribiendo usted mismo una carta a su representante que diga: "Nosotros, los suscriptos, encarecemos su voto contra el proyecto de ley 74.321". Haga circular la carta con un bolígrafo, y probablemente conseguirá una buena cantidad de firmas. Y tal vez pierda su bolígrafo.

XIV

LA APLICACIÓN DE LO APRENDIDO

En la decimocuarta lección de mi curso, he escuchado a menudo con placer a mis estudiantes referirse al empleo de las técnicas de este libro en su vida diaria. Los vendedores las aplicaban para aumentar sus ventas, los empresarios para obtener promociones, los ejecutivos para lograr un control más amplio, todo ello debido a la mayor habilidad con que daban instrucciones y resolvían los problemas mediante el empleo de un lenguaje más eficiente.

Como escribió N. Richard Diller en *El discurso de hoy*: "El discurso, el tipo de discurso, la cantidad de discurso y el ambiente para el discurso... pueden convertirse en la misma savia de un sistema de comunicación dentro de una empresa". R. Fred Canaday, a cargo del Curso Dale Carnegie® de la General Motors en eficiencia directiva, escribió en el mismo periódico: "Una de las razones fundamentales por las que nos interesamos en la General Motors en el adiestramiento verbal es nuestra convicción de que cada supervisor es un maestro en mayor o menor grado. Desde el momento en que entrevista a un posible empleado, a través de las fases de orientación en el nuevo empleo, el monto del salario y las posibilidades de promoción, un jefe está obligado continuamente a explicar, corregir, informar, instruir, revisar y discutir millares de temas con cada persona de su departamento".

A medida que avanzamos en la escala de la comunicación oral hacia aquellas circunstancias donde es más frecuente hablar en público —discutir, tomar decisiones, resolver problemas y formular planes generales—, podemos ver una vez más cómo los conocimientos prácticos enseñados en este libro pueden aplicarse a toda actividad diaria. Las reglas para hablar con eficacia ante grupos de gente pueden aplicarse directamente en la participación en conferencias y en la función de presidirlas.

La organización de las ideas que han de ser presentadas, la elección de las palabras precisas para expresarlas, la sinceridad y el entusiasmo puestos en su expresión, son elementos que asegurarán la permanencia de las ideas en el momento final. Todos estos elementos han sido expuestos extensamente en este libro. El lector sólo tiene que aplicar, en cada conferencia en la que participe, lo aprendido en estas páginas.

Quizás usted se pregunte cuándo comenzará a aplicar lo aprendido en los trece capítulos precedentes. Puede sorprenderlo si respondo a su pregunta con una sola palabra: inmediatamente.

Incluso aunque usted no tenga pensado pronunciar un discurso por algún tiempo, aunque no pretenda hacerlo nunca, estoy seguro de que descubrirá que los principios y técnicas expuestas aquí son aplicables en la vida cotidiana. Cuando digo que comience a emplear estas técnicas ahora mismo, quiero decir que lo haga en la próxima situación en que tenga que hablar.

Si usted analiza lo que dice cada día se asombrará de la similitud que existe entre el propósito de esas palabras cotidianas y el del tipo de comunicación formal expuesto en estas páginas.

En el capítulo VII, se le señaló especialmente que se hiciera cargo de cuatro propósitos generales cuando hablara ante un grupo; puede ser que usted quiera informar de algo, entretener, convencer sobre la rectitud de su posición o incitar a una acción determinada. Al hablar en público, tratamos de que estos propósitos se distingan en lo que se refiere al contenido del discurso y en lo que respecta a la forma de expresarlo.

En la conversación diaria, estos propósitos fluyen, se funden unos con otros y cambian constantemente en el curso de la jornada. En algún momento podemos estar entregados a una amistosa charla y luego, súbitamente, podemos hablar para vender un producto o persuadir a un niño a que guarde su dinero en la caja de ahorros. Aplicando a la conversación diaria las técnicas descritas en este libro, podemos lograr mayor eficacia al exponer nuestras ideas, e influir sobre los demás con habilidad y tacto.

PRIMERO: USE DETALLES ESPECÍFICOS EN LA CONVERSACIÓN DIARIA

Tomemos una sola de esas técnicas como ejemplo. Recuerde que en el capítulo IV le recomendé que introdujera detalles en su discurso. De esa manera, usted logra dar vida y expresividad a sus ideas. Por supuesto, yo me refería principalmente al problema de hablar ante grupos. ¿Pero no es casi tan importante el empleo del detalle en la conversación diaria? Piense por un momento en los oradores realmente brillantes de su conocimiento. ¿No son acaso los que colman sus palabras de detalles dramáticos, llenos de colorido, los que tienen habilidad para emplear un lenguaje pintoresco?

Antes de comenzar a desarrollar su destreza en la conversación es necesario que usted sienta confianza. Por ello, casi todo lo que se dijo en los tres primeros capítulos le será útil en la conquista de la seguridad necesaria para mezclarse con los demás y expresar sus opiniones en un grupo social. Una vez que sienta el anhelo de expresar sus ideas, aun en escala limitada, comenzará a buscar en sus experiencias material que pueda adecuarse a una conversación. Entonces sucede algo maravilloso: sus horizontes comienzan a expandirse y observará que su vida adquiere un nuevo sentido.

Las amas de casa, cuyos intereses, por varias circunstancias, pueden ser limitados, han sido las más entusiastas al dar cuenta de lo que sucede cuando comienzan a aplicar las técnicas del discurso ante pequeños grupos de conversación. "Me di cuenta de que mi seguridad recién adquirida me daba coraje para hablar en sociedad —dijo la señora R. D. Hart a sus compañeros de clase en Cincinnati— y comencé a interesarme en los sucesos corrientes; en lugar de apartarme de los grupos sentí el anhelo de participar en ellos. Y no sólo eso, sino que llegué a participar en la conversación y descubrí que llegaba a interesarme en una cantidad de nuevas actividades."

Para un educador, no hay nada nuevo en las agradecidas palabras de la señora Hart. Una vez estimulado el deseo de aprender y de aplicar lo que ha sido aprendido, comienza un proceso de acción e interacción que vivifica por completo la personalidad. Se inicia un ciclo de realizaciones y, como la señora Hart, uno siente satisfacción al poner en práctica los principios enseñados en este libro.

Aunque pocos de nosotros somos maestros profesionales, todos usamos la palabra para informar a los demás muchas veces al día. Como padres, instruimos a nuestros hijos; como vecinos, explicamos un nuevo método de podar los rosales; como turistas, cambiamos ideas sobre la mejor ruta a seguir; constantemente encontramos oportunidades de conversar que requieren claridad y coherencia en nuestro pensamiento, vitalidad y vigor en la expresión. Lo que se dijo en el capítulo VIII con relación al discurso informativo es aplicable perfectamente a estas situaciones.

SEGUNDO: EMPLEE EN SU TRABAJO LAS TÉCNICAS PARA HABLAR EFICAZMENTE

Ahora entramos en la zona del proceso comunicativo en lo que afecta a nuestras tareas. Como vendedores, gerentes, jefes de departamento, jefes de grupos, maestros, eclesiásticos, enfermeras, ejecutivos, médicos, abogados, contadores e ingenieros, tenemos la responsabilidad de informar sobre campos especializados del conocimiento y de dar instrucciones profesionales. Nuestra habilidad para dar esas instrucciones en un lenguaje claro y conciso puede ser, con frecuencia, la vara de medir empleada por nuestros superiores para juzgar nuestra competencia. La facultad de pensar con rapidez y expresar hábilmente nuestros pensamientos se adquiere ofreciendo discursos informativos, pero esta facultad no está limitada de ninguna manera a las situaciones formales y puede ser empleada, cada día, por cada uno de nosotros. La necesidad de expresarse claramente en el terreno comercial y profesional se ve hoy realzada por la reciente expansión de los cursos de comunicación oral en las organizaciones industriales, oficiales y profesionales.

TERCERO: BUSQUE OPORTUNIDADES PARA HABLAR EN PÚBLICO

Además de utilizar los principios enunciados en este libro en la conversación diaria, donde incidentalmente cosechará las mayores satisfacciones, busque toda oportunidad que le sea posible para hablar en público. ¿Cómo hacerlo? Asociándose a un club donde se presenten ocasiones de hablar en público. No sea un miembro inactivo, un mero espectador. Haga un esfuerzo y contribuya a los trabajos de las comisiones. Procure dirigir alguna reunión. Con ello tendrá oportunidad de conocer a buenos oradores de su comunidad y, seguramente, lo llamarán para pronunciar discursos de introducción.

Tan pronto como pueda, pronuncie un discurso de veinte o treinta minutos. Emplee como guía las sugerencias de este libro. Haga que se enteren en su club u organización que usted está preparado para hablar en público. Ofrezca sus servicios a alguna organización de oradores. Se buscan voluntarios que hablen en campañas para recolectar fondos. Lo proveerán de material que le será de gran ayuda para preparar su discurso. Muchos oradores de fama han comenzado de esta manera. Y alcanzaron notable preeminencia. Fíjese en Sam Levenson, por ejemplo, una figura de la radio y la TV, un orador cuyos servicios se buscaban en todo el país. Fue profesor de una escuela secundaria de Nueva York. Como una ocupación secundaria, comenzó a dar pequeñas charlas sobre lo que mejor conocía, su familia, sus parientes, estudiantes, los aspectos singulares de su tarea. Estas charlas despertaron interés, y pronto se le pidió que hablara en numerosas oportunidades, a tal punto que sus nuevas actividades comenzaron a interferir en sus tareas educativas. Pero, para entonces, había sido invitado a participar en programas en cadena de la TV y no pasó mucho tiempo antes de que Sam Levenson se consagrara por entero al mundo del espectáculo.

CUARTO: ES NECESARIO QUE PERSISTA

Cuando aprendemos algo nuevo, como el francés o el golf o hablar en público, nunca avanzamos con uniformidad. No progresamos gradualmente. Lo hacemos en un modo escalonado, con bruscos avances y súbitas detenciones. Luego nos estacionamos un poco; incluso podemos retroceder y perder algo del terreno ganado previamente. Estos períodos de estancamiento o retroceso son bien conocidos por todos los psicólogos; los han denominado "mesetas en la curva del aprendizaje". Quienes estudien mi método para hablar con eficacia algunas veces se verán atascados, quizá durante varias semanas, en una de estas mesetas. Por más esfuerzos que hagan, al parecer, no podrán salir del estancamiento. Los más débiles se desalientan. Los valerosos persisten y descubren que, súbitamente, sin saber cómo o por qué ha sucedido, han realizado grandes progresos. Han abandonado la meseta como un aeroplano. Bruscamente, sus palabras han adquirido naturalidad, vigor y confianza.

Como ya se ha explicado anteriormente, siempre estamos expuestos a experimentar algún temor fugaz, alguna conmoción, cierta ansiedad nerviosa, en los primeros momentos en que nos enfrentamos con un auditorio. Incluso los más grandes músicos lo han sentido a pesar de sus innumerables apariciones en público. Paderewski siempre estrujaba nerviosamente los puños antes de sentarse al piano. Pero tan pronto como comenzaba a tocar, todo su temor al auditorio desaparecía tan rápidamente como una neblina bajo el sol del verano.

Usted experimentará lo mismo. Sin embargo, si persevera, sus temores desaparecerán rápidamente, incluso ese temor inicial, que será el temor inicial y nada más. Después de las primeras frases, tendrá dominio sobre sí mismo. Encontrará verdadero placer al hablar.

Cierta vez, un joven que aspiraba estudiar leyes escribió a Lincoln para pedirle su consejo. Lincoln respondió: "Si usted está resuelto a convertirse en abogado, ya tiene recorrido más de la mitad del camino. Tenga siempre presente la idea de que su propia resolución es más importante que cualquier otra cosa".

Lincoln lo sabía. Había pasado por ello. En toda su vida, sólo había asistido un año a la escuela. ¿Y los libros? Lincoln dijo una vez que había recorrido cincuenta kilómetros a la redonda desde su hogar para pedir prestados todos los libros que encontrara. Por lo general, quedaba encendido toda la noche un fuego de leños en la cabaña. A veces, Lincoln leía a la luz de estas llamas. Entre los maderos de la choza había hendiduras; frecuentemente, Lincoln metía los libros entre ellas. En cuanto había luz suficiente, por la mañana, salía de su lecho de hojas, sacaba el libro y comenzaba a devorarlo.

Caminaba treinta y hasta cincuenta kilómetros para escuchar a un orador y, de vuelta en su hogar, practicaba sus discursos en cualquier parte; en los campos, en los bosques, ante la gente reunida en el almacén de Gentryville. Se afilió a sociedades literarias de New Salem y Springfield y practicaba hablando sobre los temas del día. Sentía timidez en presencia de la mujeres; cuando cortejaba a Mary Todd, se quedaba sentado en la sala, cortado y silencioso, incapaz de hallar palabras, escuchando lo que ella decía. Sin embargo, ése era el hombre que, mediante la práctica y el estudio constantes, llegó a competir con el orador más consumado de su época, el senador Douglas. Era el hombre que en Gettyburg, y en su segundo discurso inaugural, se elevó a niveles de la elocuencia que difícilmente han sido alcanzados.

No es muy asombroso que, pensando en sus tremendos obstáculos y sus penosos esfuerzos, Lincoln escribiera: "Si usted está resuelto a convertirse en abogado, ya tiene recorrido más de la mitad del camino".

En el despacho del presidente, en la Casa Blanca, hay un excelente retrato de Abraham Lincoln. "A menudo, cuando tenía algún asunto que decidir —decía Theodore Roosevelt—, algo complejo y difícil de disponer, algo donde había conflictos de derechos e intereses, observaba a Lincoln. Trataba de imaginarlo en mi lugar, trataba de figurarme lo que hubiera hecho en las mismas circunstancias. Puede parecer raro, pero, francamente, sentía que mis problemas eran entonces más fáciles de resolver."

¿Por qué no adopta el plan de Roosevelt? ¿Por qué no lo hace si se siente desanimado y dispuesto a abandonar la lucha para hablar con mayor eficacia? ¿Por qué no se pregunta lo que él haría en semejantes circunstancias? Usted sabe lo que Lincoln haría. Usted sabe lo que hizo realmente. Después de haber sido derrotado por Stephen Douglas en la lucha por la banca del Senado, exhortó a sus partidarios a no "abandonar la lucha después de una o de cien derrotas".

QUINTO: TENGA PRESENTE LA SEGURIDAD DE SU RECOMPENSA

Cómo desearía que usted abriera este libro cada mañana mientras se desayuna hasta aprender de memoria estas palabras del profesor William James:

Que ningún joven sienta ansiedad alguna sobre el éxito de sus esfuerzos, cualquiera sea el camino elegido. Si aprovecha completamente cada hora de trabajo diario, puede dejar de preocuparse sobre el resultado final. Puede tener la plena certidumbre de despertarse alguna hermosa mañana y encontrarse convertido en uno de los individuos más competentes de su generación, cualquiera sea el propósito que haya perseguido.

Yo ahora, apoyándome en las palabras del renombrado profesor James, me atreveré a decirle que, si usted tiene la constancia de practicar inteligentemente, puede tener la seguridad de despertarse una hermosa mañana y verse convertido en uno de los oradores más competentes de su ciudad o comunidad.

A pesar de lo fantástico que esto pueda parecerle ahora, es cierto como principio general. Hay excepciones, por supuesto. Un hombre de inferior mentalidad, de pobre personalidad, no va a convertirse en un Daniel Webster local; pero, dentro de lo razonable, la afirmación es correcta.

Permítame que le dé un ejemplo: el doctor Stockes, que fue gobernador de Nueva Jersey, asistía al banquete de fin de curso de una de nuestras clases, en Trenton. Observó que los discursos que había escuchado aquella noche eran tan buenos como los que había oído en la Cámara de Representantes y en el Senado de Washington. Estos "discursos" de Trenton fueron pronunciados por hombres de negocios que unos cuantos meses antes sentían la lengua trabada por el temor al auditorio. No eran Cicerones incipientes estos hombres de negocios de Nueva Jersey; eran los típicos hombres de negocios que uno encuentra en cualquier ciudad norteamericana. Sin embargo, se despertaron una hermosa mañana y se encontraron entre los más competentes oradores de su ciudad y, probablemente, del país entero.

He conocido y observado cuidadosamente a millares de personas que trataban de adquirir confianza en sí mismas y habilidad para hablar en público. En unos pocos casos, las que alcanzaron el éxito fueron personas de condiciones excepcionales. En su mayor parte, se trataba de los hombres de negocios que uno puede encontrar en su propia ciudad. Pero siguieron adelante. Otros hombres más excepcionales a veces se desanimaban, y no iban más adelante; pero el individuo común, con valor y sencillez de propósitos, al final del camino pudo verse en la cumbre.

Esto es humano y natural. ¿No observa usted que las mismas cosas suceden constantemente en el comercio y en las diversas profesiones? John D. Rockefeller, padre, decía que la esencia del éxito en los negocios era la paciencia y la certeza de obtener al fin la merecida recompensa. Ésa es también la esencia del éxito para hablar eficazmente.

Hace unos cuantos años comencé a escalar, en compañía de un amigo, un pico de los Alpes austríacos denominado Wilder Kaiser. El Baedaker dice que la ascensión es difícil, y que es imprescindible un guía para los aficionados. Nosotros íbamos sin ningún guía y éramos por cierto aficionados; alguien nos preguntó entonces si pensábamos tener éxito en la ascensión. "Por supuesto", respondí.

—¿Qué lo hace pensar así? —me preguntó.

—Otros lo han hecho sin ayuda de guías —le dije—, así que pienso que es posible hacerlo, y nunca emprendo nada pensando fracasar.

Ésta es la psicología adecuada tanto para hablar como para escalar el Monte Everest.

Su éxito está determinado en gran parte por los pensamientos que tenga antes de hablar. Imagínese a sí mismo hablando delante de los demás con perfecto dominio de sí mismo.

Hacerlo está al alcance de su mano. Crea que va a tener éxito. Créalo firmemente, y hará entonces lo que sea necesario para que el éxito llegue.

Durante la guerra civil, el almirante Dupont dio media docena de excelentes razones por las que no había entrado con su cañonera en el puerto de Charleston. El almirante Farragut escuchó atentamente la exposición:

—Pero había otra razón que usted no ha mencionado.

—¿Cuál es? —preguntó el almirante Dupont.

—Que usted no se sentía capaz de hacerlo.

Lo más valioso que la mayoría de los miembros de nuestras clases obtienen en el adiestramiento es un incremento de la confianza en sí mismos, una fe mayor en su capacidad de alcanzar sus fines. ¿Hay algo más importante para el éxito personal en casi todo lo que emprendemos?

Emerson escribió: "Nunca fue alcanzado nada importante sin entusiasmo." Es algo más que una frase literaria bien construida; es el mapa de la ruta hacia el éxito.

William Lyon Phelps fue, probablemente, el profesor más apreciado y popular que haya enseñado alguna vez en la Universidad de Yale. En su libro El entusiasmo de enseñar sostiene: "Para mí, enseñar es más que un arte o una ocupación. Es una pasión. Me gusta enseñar como le gusta pintar a un pintor, cantar a un cantante, escribir a un poeta. Antes de levantarme, por la mañana, pienso con intenso deleite en mi grupo de estudiantes".

¿Es extraordinario que alcance el éxito un educador tan entusiasmado con su tarea, con el trabajo que le espera? Billy Phelps ejercía una enorme influencia sobre sus estudiantes, en gran parte determinada por el amor y el anhelo, por el entusiasmo que ponía en su tarea educativa.

Si usted pone entusiasmo en aprender a hablar más eficazmente, encontrará que desaparecen los obstáculos de su camino. Es éste un desafío para que aplique todo su talento y su fuerza al objeto de una comunicación más amplia con las personas que lo rodean. Piense en la seguridad, en el aplomo que sentirá, en el sentimiento de capacidad que surge del poder de sostener la atención, agitar las emociones, convencer a un grupo para que actúe. Descubrirá que esta competencia en el arte de expresarse se extiende también a otros campos, pues este adiestramiento es el camino para adquirir confianza en sí mismo en todas las zonas del trabajo y de la vida.

En el manual para instructores que dictan los Cursos de Dale Carnegie® se leen las siguientes palabras: "Cuando los miembros de la clase descubren que son capaces de sostener la atención de un auditorio, cuando reciben la aprobación de un instructor y el aplauso de la clase, experimentan un sentimiento de fuerza interior, de coraje y de serenidad que nunca habían experimentado antes. ¿El resultado? Emprenden y llevan a cabo cosas que nunca hubieran soñado hacer. Toman parte activa en los negocios. En actividades profesionales y de su comunidad; llegan a posiciones directivas."

La palabra "liderazgo" ha sido usada con frecuencia en los capítulos precedentes. Una expresión clara, poderosa y enfática es una de las características del liderazgo en nuestra sociedad. La fuerza expresiva debe gobernar todas las declaraciones del director, lo mismo en las entrevistas privadas que en las alocuciones públicas. Aplicado convenientemente, el material de este libro contribuirá a desarrollar las facultades directivas en la familia, el grupo religioso, la organización cívica, la corporación y el gobierno.

EL DESAFÍO DEL DISCURSO EFICAZ

XII. INTRODUCCIÓN DE ORADORES, PRESENTANDO Y ACEPTANDO PREMIOS

1. Prepare cuidadosamente todo lo que vaya a decir.
2. Siga la fórmula T-I-O.
3. Sea entusiasta.
4. Muéstrese sinceramente afectuoso.
5. Prepare cuidadosamente el discurso de presentación de premios.
6. Exprese sinceramente sus sentimientos en el discurso de aceptación.

XIII. LA ORGANIZACIÓN DE DISCURSOS MÁS EXTENSOS

1. Obtenga atención inmediata.
   Comience su discurso con un incidente-ejemplo.
   Despierte la expectación.
   Exponga un hecho que atraiga la atención.
   Pida que levanten las manos.
   Prometa a sus oyentes cómo podrán conseguir algo que desean.
   Use un objeto.
2. Evite que la atención sea desfavorable.
   No comience con una excusa.
   Evite el relato gracioso como presentación.
3. Apoye sus ideas principales.
   Emplee estadísticas.
   Use el testimonio de expertos.

Emplee analogías.
Use demostraciones, con objetos o sin ellos.
4. Incite a la acción.
Resuma.
Solicite acción.

XIV. LA APLICACIÓN DE LO APRENDIDO

1. Use detalles específicos en la conversación diaria.
2. Emplee en su trabajo las técnicas para hablar eficazmente.
3. Busque oportunidades para hablar en público.
4. Es necesario que persista.
5. Tenga presente la seguridad de su recompensa.

ÍNDICE

SEGUNDA PARTE
DISCURSO, ORADOR Y AUDITORIO

TERCERA PARTE
EL PROPÓSITO DE LOS DISCURSOS PREPARADOS E IMPROVISADOS

CUARTA PARTE
EL ARTE DE LA COMUNICACIÓN

QUINTA PARTE
EL DESAFÍO DEL DISCURSO EFICAZ